AF313985

...OMIE POLITIQUE & POPULAIRE

LE CRÉDIT

LES BANQUES

LA BANQUE DE FRANCE

PAR

G. DARLOT

IMPRIMERIE VICTOR BARBIER
2, Rue Amelot et 5, Boulevard Richard-Lenoir

ÉCONOMIE POLITIQUE & POPULAIRE

LE CRÉDIT

LES BANQUES

LA BANQUE DE FRANCE

PAR

G. DARLOT

IMPRIMERIE VICTOR BARBIER

2, Rue Amelot et 5, Boulevard Richard-Lenoir

PRÉFACE

Certes on ne peut nier l'importance du rôle que le crédit joue dans l'Economie financière d'un pays. Aussi combien d'économistes distingués ont-ils écrit d'ouvrages sur cette question si capitale? Mais emportés par le désir de donner les détails les plus complets et les plus techniques ils ont entassé documents sur documents, composant certes une œuvre savamment et puissamment combinée, mais ils semblent avoir recherché la grande satisfaction d'élaborer leurs idées et ne s'être adressés qu'à ceux, qui déjà versés dans la science économique, peuvent utilement y puiser de nouveaux et solides renseignements.

L'Auteur de l'opuscule, que nous avons l'honneur de présenter au public, n'apporte donc point de nouveaux matériaux à cet édifice social dont la base est le crédit, mais il s'est ingénié à présenter au grand public la question du crédit sous une forme complètement dépouillée de toutes les subtilités de langage et d'expressions qui la rendent aride et peu compréhensible.

En effet dans un style très-simple, dans des phrases où la concision n'exclut pas la clarté il a su condenser toutes les idées que ses lectures attentives et raisonnées, grâce à sa connaissance des choses de l'Economie financière, lui ont fait puiser dans les œuvres des auteurs dont nous parlons plus haut. Mais à côté de ces idées, grâce à ses observations quotidiennes, il a aussi pu apporter dans son modeste ouvrage des appréciations qui lui sont tout-à-fait personnelles et qui prouvent avec quel soin particulier il l'a écrit.

C'est donc dans le but d'expliquer aux lecteurs le rôle du crédit et de les mettre en garde contre les erreurs trop souvent répandues à l'égard de ce rôle qu'il a résumé les observations qu'il a pu faire.

Réussira-t-il dans son projet? Nous le souhaitons. D'ailleurs l'aurait-il tenté sans que le succès couronnât ses efforts, il aura pour lui la grande consolation de penser que: *l'Essai d'un travail est encore une utilité.*

LE CRÉDIT

La question du Crédit est déjà fort ancienne. Mais ce n'est guère que de notre siècle qu'elle fut le plus discutée et mise en avant.

On trouve beaucoup de traces de l'étude du Crédit lors de la Révolution de 1848. A cette époque, ce fut une des idées qui revenaient le plus souvent à l'ordre du jour : soit dans les rassemblements, soit dans les réunions publiques ou privées. Un certain malaise régnait alors et il fallait organiser le travail, donner plus d'extension, plus d'essor au Crédit, disait-on.

On croyait voir tous les maux dont souffraient les travailleurs résider dans ce seul mot, *le Crédit....* On avait qu'une idée fort vague de ses avantages, que l'on croyait indéfinis, sans croire. sans songer même à ses inconvénients nuls, pensait-on.

En effet, la Révolution de 1789, en affranchissant les hommes en donnant cette liberté de produire sous toutes formes, cette liberté d'échanger sans entrave, lança la production dans un inconnu tellement grand, tellement puissant, qu'on ne pouvait en calculer les bornes au point de vue du crédit.

Puis les inventions nouvelles, les chemins de fer, l'application des canaux, le télégraphe vinrent changer la vieille forme du système économique et développer d'une manière inattendue nos moyens d'échange et de production. Tous voulurent profiter des services rendus par les inventions. Un nouvel horizon s'était montré devant les producteurs; mais les capitaux, non encore accumulés, n'ayant pu suivre d'une manière régulière et continue cet élan du travail, le Crédit, si fortement menacé dans sa base par les spéculations hasardeuses et ruineuses du XIIIᵉ siècle, n'ayant aucun point d'appui pour le soutenir, aucun guide pour le diriger, aucun frein pour le retenir, le monde nouveau aux affaires, l'absence de toute sagesse, tout faisait prévoir une de ces réactions qui jettent partout le désarroi.

On s'en prend à tout ce qui survient, on n'aperçoit pas la cause véritable, on a peur de se l'avouer. C'est ce qui arriva pour le Crédit. Son enfance fut laborieuse, les propriétés qu'il possédait, difficiles à étudier, le Crédit, enfin, dut rechercher la justesse des lois qui devaient le gouverner.

1848 fut aussi l'année où l'on étudia beaucoup cette question de Crédit. Il fallait alors entendre les moyens proposés. Certes, ces moyens étaient nés de cerveaux intelligents, avec désir de bien faire, d'être utiles à la Société, ayant pour but le bien-être de tous, mais malheureusement pêchaient quelque peu par la base. Bel édifice construit avec beaucoup de patience et qui croulait à la moindre objection, bien plus, à la seule idée de le mettre en pratique.

Rappelons quelques-uns de ces moyens. Les uns voulaient que l'Etat fit crédit à tout le monde, ne réfléchissant pas que l'Etat n'est qu'un être impersonnel donnant de la main droite ce que les contribuables donnent de la main gauche. D'autres voulaient le crédit de tous, pour tous et par tous. Prêtons-nous les uns les autres, disaient-ils. Mais celui qui n'a rien, qui ne possède rien, que pouvez-vous lui demander ? D'autres, enfin appuyaient leur système sur le papier monnaie.

Donnez de la valeur à un papier quelconque et vous aurez le crédit disaient-ils ! Les assignats sont là pour détruire ce mode de crédit et pourtant ils reposaient quelque peu sur les biens nationaux ; cela n'a pas empêché d'anéantir la valeur qu'ils représentaient.

Qu'un Etat quelconque décrète aujourd'hui qu'une pièce de 10 francs vaudra 20 francs, il en résultera simplement ceci : qu'il faudra deux nouvelles pièces de 20 francs pour être l'équivalent des deux anciennes pièces de 10 fr. ; les services rendus par suite de l'échange étant les mêmes on a augmenté les chiffres et les difficultés, et c'est tout ; la question reste toujours à son même point. On a beau changer la monnaie de quelque façon qu'on voudra, elle ne remplira son rôle que si elle a derrière elle un répondant sérieux ne changeant pas de valeur, c'est-à-dire rendant les mêmes services.

Des essais concernant le Crédit furent faits : banques populaires, banques d'échange. Toutes sombrèrent, non pas par le mauvais vouloir des uns ou par causes funestes, mais parce qu'il leur était impossible de vivre d'une manière stable, étant faussées dans leur essence même. De nos jours, certaines maisons de banque s'intitulent de titres pompeux de Crédit en faisant suivre ce mot de qualificatifs plus ou moins engageants et sont bien loin de rendre les services qu'on pourrait attendre d'elles. Nous en verrons les causes plus loin.

Toutefois, la question du Crédit si nécessaire, rendant de si grans services à notre production et aux échanges mérite une étude sérieuse ; et, s'aidant de tous les enseignements que l'histoire nous a laissés, on peut espérer qu'en cherchant, en étudiant, on puisse arriver petit à petit à des solutions pratiques qui en étendront encore les avantage qu'il procure en restreignant ses inconvénients.

DÉFINITION du CRÉDIT

Le Crédit vient du mot latin (*creditum, de credere, croire, avoir confiance*).

D'après Garnier, le Crédit, dans son ensemble, est l'échange perfectionné, avec des moyens qui suppléent à la monnaie ou en augmente les services.

Le Crédit a été défini par beaucoup d'économistes et selon leur manière de voir.

Il est, selon nous, une définition du crédit qui peut toujours s'appliquer d'une manière très facile.

Le **Crédit** est le temps accordé par un **vendeur** à un **acheteur** pour se libérer de son achat.

Dans cette définition les mots *vendeur* et *acheteur* sont pris dans un sens très général et veut aussi bien dire *prêteur* disposant d'une quantité de richesses évaluées soit en marchandises, soit en espèces; de même l'*acheteur* représente l'*emprunteur* ou le bénéficiaire. L'achat avec le temps accordé est l'opération faite.

Il y a Crédit chaque fois qu'une richesse quelconque passe d'une main dans une autre avec remboursement de cette richesse au bout d'un certain temps, avec ou sans certaines conconditions.

Pour résumer, il y a crédit :

    Entre un Prêteur et un Emprunteur,
    Entre un Fabricant et un Commerçant,
    Entre un Commerçant et sa Clientèle.

C'est au point de vue commercial que l'on peut appliquer les les mots de cette définition et c'est dans le commerce que le Crédit a la plus grande influence.

CONDITIONS GÉNÉRALES du CRÉDIT

Le Crédit n'étant que du temps accordé, il s'en suit qu'il ne crée pas de capitaux, il les suppose simplement. Il laisse le capital primitif prêté, engagé tel sans rien changer à la destination déjà faite, il ne fait que changer de mains.

Le Crédit permet, par ses moyens et son mécanisme, d'étendre une *production* quelconque avec des capitaux augmentés fictivement et réalisables.

Supposons le capital représenté par 3, le crédit 2, la production sera de 3+2 = 5.

Le chiffre 2 du Crédit aurait certainement lieu, mais dans un temps plus ou moins éloigné ; par le Crédit le résultat devient immédiat.

Soit 5 machines chez un fabricant ; au comptant il en part 3 par le Crédit, les 2 autres vont chez le travailleur qui en tire de suite un service et par le temps qui lui est accordé de payer ses machines à une époque déterminée et sous certaines conditions, d'où fécondité réelle pour le travail.

Par cet effet, le Crédit fait donc produire : les ouvriers en tous genres trouvent des débouchés aux services qu'ils rendent comme le démontre le tableau ci-dessous.

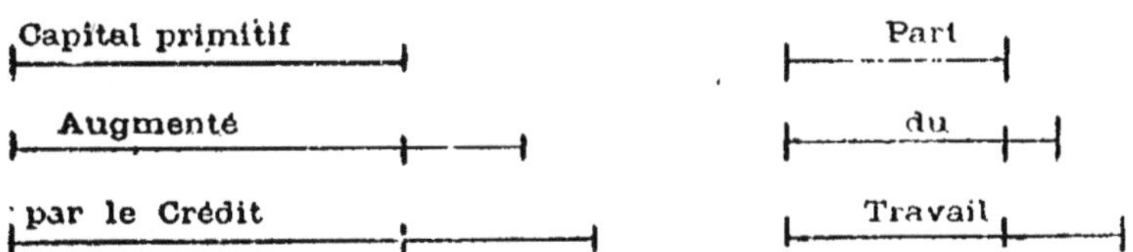

En résumé plus le Crédit est grand, plus la part du travail devient grande.

Cependant il ne faut pas étendre le Crédit d'une façon infinie il est soumis à certaines lois qui seront étudiées plus loin.

Si le Crédit avait simplement pour but de changer de mains les capitaux en cas de crise, ses effets ne seraient pas dangereux et les créances seraient payées par le capital de quelque provenance qu'il vienne.

Mais il n'en est pas ainsi, puisque à chaque crise de Crédit, il en résulte des ruines qui seraient certainement évitées si le Crédit n'était que le déplacement d'un capital prêté.

Au contraire, puisque le Crédit suppose des capitaux, représente un temps à échoir, il est de toute évidence qu'une catastrophe quelconque ne saurait résulter que de la non-possibilité de réaliser et de rembourser.

1º Le capital réel engagé qui a pu se transformer d'espèces en marchandises sans changer de valeur.

2º L'Appoint *(Conditions exigées)* qui devient le Crédit basé sur la confiance, l'estime, l'honorabilité, sur toutes les qualités qu'un producteur quelconque a su inspirer et qui met cet agent dans l'impossibilité de rembourser immédiatement l'oblige à sombrer malgré son bon vouloir s'il a été atteint dans l'estime publique.

Ainsi, par exemple, on prête 10,000 francs à un producteur, remboursables au bout d'un certain temps. Ce producteur les convertit en marchandises qu'il doit revendre avec bénéfice lui permettant de rembourser et de vivre. Mais à une certaine époque antérieure à ses engagements et pour plusieurs causes supposées, on l'oblige au remboursement. Qu'arrivera-t-il ?

Le producteur sera forcé de réaliser ; ses marchandises subiront forcément une dépréciation, une perte dans leur valeur d'autant plus sensible qu'il aura plus ou moins de demandes de cette marchandise. La réalisation ainsi faite pourra lui être funeste, et au lieu du bénéfice sur lequel il comptait, il aura une perte à déplorer.

Il en est de même pour un Etat.

Supposons un gouvernement établi d'une manière stable et voulant trouver, par le Crédit, la confiance qu'il peut inspirer, de nouvelles ressources utiles pour les travaux du pays, et admettons qu'à la suite de révélations de gaspillage, etc., on inscrive des choses graves à lui reprocher, quelques-unes sans fondement. Accédera-t-on facilement et avec tranquillité à ses demandes ? Evidemment non ! Vraies ou fausses, les attaques dont il aura été l'objet auront porté un grand coup à son Crédit. Il devra abaisser ses prétentions, heureux. si dans le doute, le prêteur ne s'abstient pas et s'il réussit dans ses demandes.

CONDITIONS NÉCESSAIRES au CRÉDIT

Le Crédit repose sur trois grands principes .

    1° **La Sécurité,**

    2° **La Confiance,**

    3° **La Garantie.**

Il peut y avoir Crédit avec une ou deux, voire même sans aucune de ces conditions. Mais alors ses prétentions sont plus grandes et aux risques et périls de la part de ceux qui le font. Dans un temps normal, le Crédit est donc soumis aux trois causes énoncées ci-dessus. Il convient de les étudier.

1° SÉCURITÉ

Lorsqu'il n'y a pas *Sécurité*, ni pour les personnes, ni pour les choses, il ne saurait y avoir de Crédit utile et productif.

Comme on a pu le constater, le Crédit n'étant pas lui-même une chose palpable, il exige une sécurité parfaite. Il peut être à la merci d'une crise quelconque.

Une guerre, une révolution, une crise ouvrière, tout ce qui porte atteinte à la liberté des personnes et des choses, a une influence terrible sur le Crédit et ses avantages peuvent devenir de grands dangers. A une menace quelconque, les capitaux à prêter se dérobent et le Crédit les suit : d'où arrêt dans la production et souffrance pour tous, pour le capital et pour le travail.

2° CONFIANCE

Outre la Sécurité, le Crédit demande la *Confiance* dont la *Garantie* est le corollaire ; dans certains cas, si on a confiance, la Garantie est morale ou matérielle.

Le Crédit résume la *Confiance* plus ou moins grande que l'on accorde à quelqu'un qui sollicite une avance, un prêt.

Mais cette richesse qui passe ainsi d'une main pour aller dans une autre ne peut supporter ce déplacement que sous certaines conditions, voire même avec certains avantages que ceux accordés à la destination première.

Il y a lieu de distinguer deux cas : 1° cette richesse prêtée sous forme de Crédit est faite en espèces, ce qui spécifie plutot un prêt : dans ce cas, le Crédit a un rôle plus effacé. Ainsi X... prête 10,000 francs à Y... qui devra les lui rendre au bout d'un an, par exemple, augmentés de la valeur du service rendu soit un intérêt débattu entre les parties contractantes.

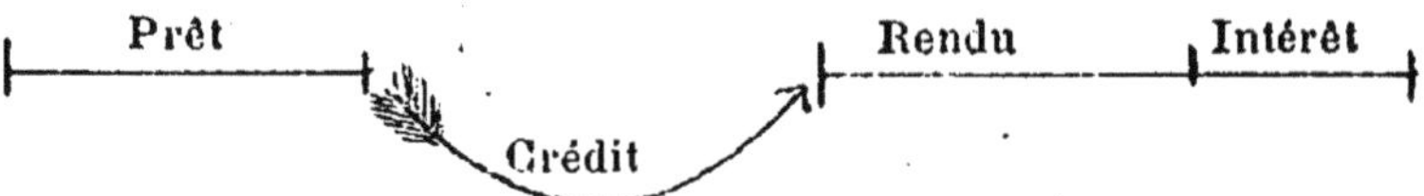

2° La richesse prêtée, sous forme, de Crédit est faite en marchandises, exemple : surtout les fabricants aux vendeurs

Soit A qui vend à B... 10,000 francs de marchandises payables au bout d'un certain temps. Dans ces conditions, le prêt, sous une autre forme que les espèces, se composera de :

1° Marchandises prêtées ou vendues.

2° Bénéfices compris dans cette vente de marchandises.

3° Intérêt de la marchandise prêtée ou vendue.

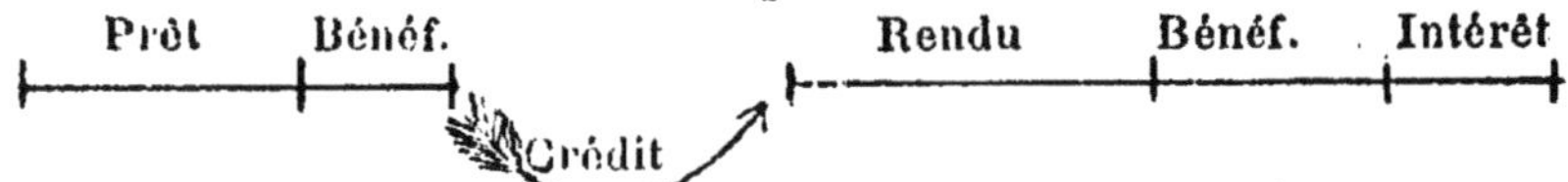

Pour bien faire comprendre le troisième facteur, il faut voir ceci :

Si la vente avait été faite remboursable immédiatement contre espèces, ce que l'on appelle vendre au comptant, si le vendeur avait livré 10,000 fr. de marchandises, le Crédit aurait été nul ; il n'y avait donc eu qu'échange de richesses qui se répartissent d'une manière et d'une autre. La vente ne comprendrait donc :

1° Que les marchandises.

2° Le bénéfice rattaché a ces marchandises.

Car dans tout contrat de vente, si le paiement est immédiat le vendeur se contente d'un bénéfice moindre que lorsqu'il est au bout d'un certain temps ; il pourra disposer de suite des capitaux qui lui sont remboursés, augmentés de l'intérêt de son travail et de sa peine, lequel intérêt servira à payer ses frais et à vivre. Si le paiement est éloigné, il augmentera son bénéfice en proportion du temps accordé pour l'intérêt de ses capitaux engagés, comme le démontre le tableau ci-après:

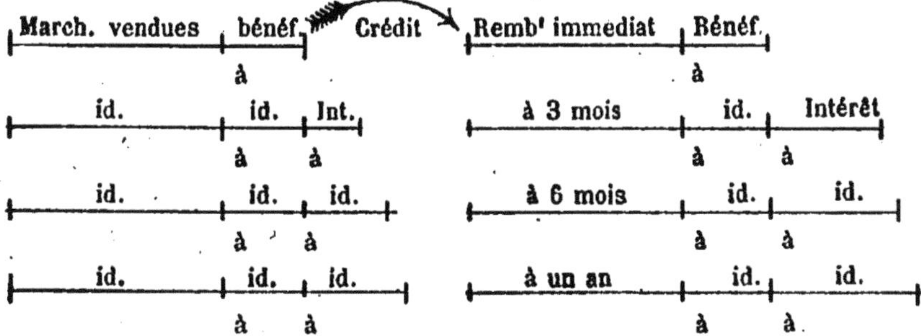

Plus le temps accordé pour le paiement est long, plus l'intérêt perçu augmente, le bénéfice du travail restant le même.

3o GARANTIE

Mais avec la *Confiance* on cherche la *Garantie* qui vient jouer un grand rôle dans le Crédit. Plus la Garantie est sérieuse plus la confiance accordée est longue, plus le Crédit est grand.

Ainsi un industriel vend à un commerçant 20,000 francs de marchandises : le commerçant, pour certaines raisons, demande 6 mois pour solder son achat. L'industriel demande des garanties. Le Commerçant lui dépose des titres, des valeurs.

L'Industriel voyant là une garantie suffisante lui accorde plus facilement le temps demandé, le crédit demandé.

Plus la Garantie sera reconnue valable, plus le crédit long sera accordé.

Il est bien évident que le Commerçant ne demande plus de temps que parce qu'il entrevoit la possibilité de vendre les 20,000 francs des marchandises achetées avec beaucoup de bénéfice ; car plus le Crédit sera long, plus l'intérêt à payer sera élevé ; il faut donc que le Commerçant trouve un gain plus considérable.

Le Crédit suit donc la proportion de la valeur de la Garantie.

Ceci est la règle générale. Mais dans la pratique, suivant les circonstances qui viennent changer l'état des choses, le prêteur sera plus ou moins large vis-à-vis de l'acheteur, suivant les besoins de son industrie et les débouchés qu'il trouvera. Il est évident qu'un fabricant ayant l'écoulement plus ou moins facile de ses produits, accordera un temps plus ou moins long et sera plus ou moins sévère pour les conditions de paiement. Le Crédit, dans ces conditions, subit les fluctuations de la production et de sa répartition.

C'est ainsi que l'on voit, dans certaines industries, certaines sortes de fabrication faire la loi pour la vente de leurs produits. Cette situation ne change que lorsque la concurrence vient se jeter en travers de cette espèce de monopole et force ainsi à la diminution des prix et des conditions : résultat appréciable et utile pour tous.

Dans d'autres cas la garantie demandée est presque nulle, mais c'est aux risques et périls du prêteur qui est quelquefois forcé par les circonstances de trouver un débouché à ses produits, ses frais généraux ne lui permettant pas de garder des quantités de marchandises en magasin. Mais alors, dans ces conditions, la moindre chose peut renverser cette manière de procéder, surtout qu'il est difficile de prévoir l'avenir ; et, comptant parfois sur la vente pendant une période de temps qui a donné des résultats contraires, met le producteur dans une situation qui peut le mener à la ruine. Si, d'un autre côté, la vente des produits s'est faite d'une manière satisfaisante, on ne peut que s'applaudir du Crédit accordé, source de bénéfices plus grands, augmentation de travail dans la production, utilité pour tous.

La Garantie demandée par le Crédit peut être, en quelque sorte, morale ou matérielle. Elle est Garantie morale, d'abord lorsque l'acheteur ne peut offrir que son honnêteté, son passé, son travail, sa bonne conduite.

Exemple : Un commerçant s'établit ; il dépense en mise de fonds : loyers, agencements, comptoirs, etc. ; il ne lui reste que très peu pour acheter des marchandises. Il sollicite du temps pour payer ses nouveaux achats, comptant sur les affaires qu'il fera et dans l'espoir d'un bon avenir. Sa probité, son désir de bien faire, répondent de lui. On lui donne des marchandises à crédit. Il réussit, il a inspiré confiance, il remplit ses engagements, il offre maintenant une certaine surface.

On n'aura confiance que lorsque l'on jugera l'emprunteur capable de bien gérer ses affaires par son intelligence et ses capacités.

Suivant les temps, les circonstances, on a plus ou moins confiance et on demande plus ou moins de garanties lorsqu'il s'agit du Crédit, et en tenant compte surtout des capitaux plus ou moins considérables mis à la disposition de ceux qui les sollicitent.

Tout se réglant sur la grande loi de l'offre et de la demande.

Autres significations du mot Crédit

Le mot Crédit est encore employé dans beaucoup de cas dans les affaires, et peut avoir une autre signification que celle que nous lui avons donnée.

Dans le commerce, on donne le mot *Crédit* à l'avoir d'un compte par opposition au *débit* doit de compte.

En Banque, il arrive souvent de dire : J'ai ouvert un crédit de .... à Mr X., c'est-à-dire que, jusqu'à une somme déterminée, Mr X. peut être débiteur d'une certaine somme.

Quant au Crédit illimité, il sous-entend une maison de premier ordre qui aura la faculté d'avoir toutes les avances possibles.

Les lettres de Crédit autorisent le porteur à toucher une somme chez les correspondants indiqués. C'est un usage très fréquent en banque. Ainsi une somme est versée à Londres ou à Moscou ; le porteur de titres pourra toucher chez un correspondant à Paris qui est avisé de l'acceptation faite sur lui, et, sitôt la lettre de Crédit acquittée, en avisera la maison de Londres ou Moscou en la débitant de la somme payée. La même opération se fera par la maison de Paris sur ses correspondants à l'étranger. C'est un moyen très pratique et qui rend de signalés services, surtout lorsque l'on voyage. Moyennant un faible débours pour le service rendu, on n'est pas, en effet, exposé aux changes de monnaie, aux inconvénients de porter avec soi une sacoche remplie de numéraire.

Prêter son Crédit. — Dans certains cas, surtout dans le commerce, une personne désire avoir du Crédit chez un producteur quelconque, mais n'est pas connue de lui et n'offre pas de garanties suffisantes. Par contre, elle connaît une autre personne en relation d'affaires avec le producteur.

La personne donne à l'emprunteur une recommandation et même s'engage pour lui, répond quelquefois des engagements pris. Dans ce cas, on peut dire : Prêter son Crédit. C'est aux risques et périls de celui qui le fait. Il est responsable : 1° au point de vue moral; 2° au point de vue matériel et pécuniaire s'il a laissé entre les mains du producteur, qui fait Crédit, un engagement valable.

Lorsqu'une personne prête ainsi son Crédit, soit pour rendre service à un ami, à une personne qu'elle croit solvable, si les engagements de l'emprunteur ne sont pas remplis, et qu'il en résulte une perte pour le producteur, le répondant voit lui-même sa réputation atteinte vis-à-vis de ses fournisseurs, et voit ce que l'on appelle dans le monde des affaires, baisser son Crédit, c'est-à-dire que dans les relations commerciales qu'il aura par la suite, ses correspondants auront plus de défiance, examineront, inspecteront plus sérieusement ses manières de faire et d'opérer.

Pour résumer, il est toujours dangerereux de prêter, ou son appui moral, ou sa signature sans être sûr de la personne qui est l'objet de votre sollicitude. Il est de très nombreux exemples de cette tendance excessive à rendre service, car par elle on a vu bien des fois, ceux qui obligeaient, tomber dans la déconfiture ne pouvant remplir leurs engagements et ceux qu'ils avaient contractés pour d'autres. Leurs affaires en subissent un coup terrible, et ils arrivent à être mis malheureusement parfois à deux doigts de leur perte.

D'autre part, les obligés, se souciant fort peu du tort qu'ils font, ne voient dans cette garantie qu'on leur accorde, qu'une facilité d'étendre leur Crédit, gagnant beaucoup s'ils réussissent, mais ne s'inquiétant de rien, s'ils se voient dans une crise, cherchant souvent à réaliser, à profiter du service rendu. Affaire de conscience.

Fluctuations dans le Crédit.

Un fonds de commerce se vend 50.000 francs ; 30.000 francs sont payés comptant. Les 20.000 francs, objet de Crédit sont payables à époques fixes et par fractions suivant les conventions.

Il y a lieu alors dans ce contrat de constater deux cas :

1° L'acheteur continue les traditions de la maison vendue et fait parfaitement ses affaires, réalise des bénéfices, peut alors remplir ses engagements.

Dans ce cas le Crédit (engagement pris de payer 20.000 francs à époque fixe) devient réalisable sous la forme d'espèces données, par suite devient un nouveau capital tiré des bénéfices réalisés. L'acheteur pourra aussi revendre son fonds de commerce dans de bonnes conditions et avec une plus-value, si possible.

Les services rendus par cette maison ont donc augmenté de valeur, et de valeur réalisable. La tradition de bonne vente peut donc se continuer et la maison devient de plus en plus importante et par suite s'estime à un prix plus élevé. C'est l'histoire des maisons qui s'agrandissent et prospèrent.

2° L'acheteur, par suite de certaines causes et de certaines circonstances, ne réussit pas: la concurrence, les crises, malgré son travail et sa bonne volonté, l'empêchent de faire prospérer sa maison. Qu'en résulte-t-il ? Ne pouvant remplir les engagements pris, il est obligé ou de sombrer ou de céder sa maison à un prix moindre que celui de l'achat: soit 30.000 francs sur lesquels on prélèvera 20.000 francs, droit du premier vendeur, d'où perte du capital engagé. Opération funeste qui fait que tout en travaillant, un producteur quelconque se voit dans la situation de perdre les capitaux qu'il avait apportés. Ce capital anéanti se retrouvera dans la société, sous une autre forme, dans d'autres mains.

La faute ne saurait incomber ici qu'à la force des choses, des circonstances, des événements. Il peut fort bien arriver que le nouveau preneur favorisé par la veine, réussisse à remonter le fonds tombé.

C'est dans les deux cas énoncés ci-dessus, l'histoire de tout commerce, de toute fabrication, de toute production.

Différentes espèces de Crédit

Il y a différentes espèces de Crédit : 1° Crédit sur marchandises représentées par les billets à ordre, lettres de change, traites, warrants, etc., c'est le Crédit commercial, celui qui embrasse le plus grand mouvement,

2° Crédit sur gages, c'est-à-dire ayant pour répondant une garantie matérielle, représentée par des marchandises déposées Les Mont-de-Piété rentrent dans cette catégorie.
3° Crédit sur titres, c'est-à-dire avances faites sur des valeurs réputées comme ayant une valeur réelle,

4° Crédit sur Immeubles, appelé communément crédit hypothécaire ou foncier, ayant pour objet des avances d'argent sur maisons, immeubles de toutes sortes,

5° Crédit aux Etats, visant plus particulièrement les emprunts que peuvent faire les Gouvernements; c'est le Crédit public,

6° Crédit agricole, avances faites aux cultivateurs pour préparer les récoltes qui dans l'avenir formeront le remboursement du prêt,

7° Crédit intellectuel, se basant surtout sur les avances faites aux savants, artistes, etc., en vue d'une fortune à venir,

8° Crédit moral, avances faites aux Commerçants, Industriels, etc., jouissant d'une certaine confiance dans la société,

9° Crédit mutuel, ayant plutôt pour objet une solidarité entre les membres qui y participent et qui, en versant des cotisations qui leur sont remboursées au bout d'un certain temps, suivant les conventions, participent aux dépenses faites par la société composée d'un certain nombre de membres,

10° Crédit de consommation, ayant pour objet de délivrer des marchandises à des travailleurs qui ne les rembourseront que plus tard.

Ce Crédit que les petits producteurs font aux ouvriers n'est pas sans inconvénients. Il pousse d'abord à la dépense lorsque l'occasion s'y prête ; puis il force les vendeurs à hausser le prix de leurs marchandises, n'étant pas sûrs d'être payés. Malheureusement il est des cas assez nombreux où le travailleur est obligé d'y avoir recours, n'ayant aucune avance devant lui.

11° Crédit populaire, Crédit fait à des petits commerçants ; c'est le plus difficile à obtenir.

Il est encore une opération commerciale qui peut rentrer dans certaines catégories du Crédit.

Afin d'étendre sa production, l'industriel peut mettre en dépôt chez des commerçants pour les vendre, des produits, dont le prix assez élevé ne serait pas à la portée de tous et dont la vente ne saurait être prévue qu'après un temps assez long. Le dépôt se fait alors jusqu'à l'époque à laquelle la marchandise est vendue et le règlement est fait à une époque déterminée après la vente.

En résumé tous les cas ci-dessus rentrent parfaitement dans la définition du Crédit que nous avons donnée.

C'est un temps accordé pour un paiement.

Avantages du Crédit

Les avantages du Crédit sont nombreux et ont une grande influence sur la production et la consommation.

Tout d'abord il fait travailler le Capital, en le mettant entre les mains des producteurs de toutes sortes qui en tirent un plus grand parti, et sert ainsi à son accroissement.

Le Crédit est le lien qui unit le Capital et le travail ; il contribue au développement de la production par son mécanisme, ses rouages, ses signes représentatifs. Il accroît l'échange des produits devenu plus facile entre les diverses localités, les diverses nations. Il permet un plus grand travail par la supposition de ses capitaux fictifs et facilite la distribution des capitaux.

Les signes de Crédit représentant la monnaie ont l'avantage d'avoir une circulation presque gratuite, d'un maniement beaucoup plus facile et par conséquent d'éviter les transports, le frai ou usure de la monnaie.

Il encourage et favorise l'épargne par l'établisement de maisons financières ou caisses de l'Etat, qui, moyennant un intérêt, gardent en dépôt l'argent qui leur est confié et se chargent de la distribution à ceux qui en ont besoin pour leurs entreprises, moyennant un intérêt plus élevé que celui donné aux déposants. Il stimule l'économie chez les travailleurs qui voient, dans les dépôts faits par eux, un moyen d'augmenter leur capital et d'accroître leur bien-être.

Enfin le Crédit fait travailler une certaine partie de la Société qui trouve dans son travail spécial une source de salaires.

Gratuité du Crédit

Depuis longtemps déjà, en voyant un intérêt perçu par le Crédit, on a voulu unir au Crédit, l'idée de gratuité. Il n'est pas juste, disait-on, de vouloir faire payer par le Crédit un intérêt quelconque pris sur le travail. Il faut se rendre peu compte du mécanisme du Crédit pour penser que Crédit et gratuité peuvent s'accorder: ce sont deux termes absolument contraires. Comment admettre qu'un capital quelconque puisse se prêter pendant un certain temps sans avoir avec le remboursement un intérêt si minime qu'il soit. Supposons une banque prêtant 10.000 fr. à Mr X.. avec toute garantie et sans rien prélever. Comment vivrait-elle?

Celui qui prête un capital avec toute garantie possible doit tenir compte: 1° du risque couru 2° du temps accordé, 3° du prix du service rendu. Enlevez ces conditions, prêter sans intéret, c'est la ruine. Avec cette manière d'agir il faut supprimer la vente qui, elle aussi, entraîne un intérêt, un bénéfice, et nous arrivons fatalement à l'absence de toute propriété qui est le dernier mot du Crédit gratuit.

Autrefois assurément les services rendus par le Crédit, étaient payés d'une façon un peu exorbitante.

Mais aujoud'hui. par suite de la division du travail plus étendu, à cause d'un plus grand nombre de capitaux disponibles et de la concurrence entre les prêts, l'intérêt a du baisser ses prétentions, baisse qui deviendra par le progrés encore plus forte mais ne pourra jamais, dans aucun cas, tomber a zéro. Si ce jour arrivait le Crédit serait lettre morte et n' aurait aucune raison d'exister.

Ce ne serait pas la peine d'épargner, puisque votre épargne n'aurait aucun intérêt, autant mettre ses économies dans un sac et les garder ainsi.

Il est à croire que cette idée de *gratuité* du Crédit a dû dépasser la pensée de ceux qui l'ont émise.

Il est évident qu'une grande difficulté surgit lorsqu'il s'agit de faire des avances à l'ouvrier, au travailleur qui ne possède pas de capital ou qui en a un, excessivement faible.

C'est là le problème à résoudre ; c'est vers ce point que doivent tendre toutes les idées que l'on émet dans le but de chercher à aider ceux qui sont moins favorisés par la fortune, c'est cette solution qu'il s'agit de trouver pour permettre au producteur faible de pouvoir travailler d'une manière plus rémuné - trice en lui faisant des avances qui ne doivent courir aucuns risques.

Combien ont sombré parce que les conditions léoniennes affectées aux capitaux prêtés les ont mis dans l'impossibilité de lutter avec avantage contre la concurrence, en payant un plus gros intérêt tout en travaillant davantage.

D'ailleurs des essais ont été faits et c'est de ce côté que les études se poursuivent. L'Ecosse est le pays où les avances faites à des travailleurs ont donné les résultats les plus satisfaisants.

On prête sur la moralité, l'honorabilité de celui qui en fait la demande ; mais il faut le sérieux, la capacité de faire valoir les capitaux prêtés, et là est encore une difficulté que nous ne parviendrons à vaincre que par le temps et lorsque l'utilité du Crédit ainsi que ses rouages seront bien compris.

En Allemagne, les banques d'avances faites aux ouvriers créées par M. Schultze-Delitzch ont donné de bons résultats Ces banques font des prêts renouvelables tous les 3 mois jusqu'à concurrence du capital versé ; si on veut le dépasser, la signature d'un autre sociétaire est indispensable. Ce sont ainsi les petits entrepreneurs qui se font Crédit les uns les autres. On comptait en 1867 un capital de 90 millions et 270 millions d'avances faites.

En France, ces établissements sont presque inconnus, et nous sommes fortement arriérés sur ce point ; mais il faut espérer que nous arriverons à étendre les bienfaits du Crédit.

Pour résumer, il faut bien comprendre que le Crédit est toujours le représentant d'un capital fictif : or, il faut que de toutes façons ce que le Crédit représente ne soit pas perdu et n'anéantisse pas le capital prêté en pure perte Car supposons beaucoup de capital perdu par le Crédit, il s'en suivra que le capital lui-même se détruira au détriment de tout.

Le commencement du crédit est toujours facile à constater et en suivant les diverses transformations, si le Crédit obtenu fait lui-même crédit dans certains cas, il doit avoir forcément une fin. Or cette fin ne peut être que la consommation ou la destruction d'une richesse.

Puisque le rôle de l'homme ne se borne qu'à produire et à consommer, il doit donc rechercher le plus de productions utiles et ne rien consommer en pure perte. L'excédant de production devient le capital et sert de force reproductive.

Le Crédit finissant à la consommation, si cette consommation a été inutile, il résulte évidemment une gêne pour les autres qui auraient pu profiter des avantages du Crédit et en retirer plus d'utilité.

C'est donc dans une sage distribution des capitaux prêtés que le Crédit puise sa force ; c'est encore par le sérieux, l'intelligence, le travail bien compris, l'honnêteté, le désir de bien faire, enfin la confiance méritée que l'on arrivera à étendre les services immenses que peut rendre le Crédit.

En dehors de ces bases solides, on ne rencontre que mensonges et utopies et déceptions d'autant plus cruelles et amères qu'il est difficile d'arriver aux résultats promis. On a semé l'illusion, le mirage et c'est tout.

Chez les hommes eux-mêmes, chez les petits travailleurs surtout, réside la solution du Crédit.

Et il faut espérer que, par l'instruction de plus en plus répandue, la sagesse et l'ordre de tous, sans entraver aucune liberté, il faut donc espérer, disons-nous, que l'on parviendra à développer le Crédit de manière qu'il aide surtout ceux qui en ont besoin.

Instruments de Crédit

Le. Crédit ainsi défini, il a fallu rechercher les moyens les plus pratiques pour pouvoir constater sa présence le plus facilement possible.

Les constatations faites sous les formes les plus variées forment ce que l'on est convenu d'appeler dans les affaires et en économie politique : *les instruments de Crédit.*

D'ailleurs les instruments de Crédit ne peuvent être autre chose que des signes représentatifs de la monnaie, puisqu'il faut qu'il y ait réalisation à une époque déterminée.

Les temps, les affaires de plus en plus étendues et l'expérience ont amené aujourd'hui les formes les plus variées des constatations du Crédit qui sont toutes utiles à un degré plus ou moins grand et propagent les services du Crédit.

Les instruments de Crédit ont tous pour base générale sous quelque forme qu'ils soient *une promesse de payer* une somme déterminée à un époque définie.

Cette même promesse de payer peut être renouvelée un nombre infini de fois, tout en visant le même capital engagé.

Dans certains cas encore, le capital prêté est aliéné sans aucune close de remboursement, mais avec promesse de payer des intérêts à des époques fixes.

Quoique cette manière de faire s'écarte un peu des définitions du Crédit, comme par exemple la rente perpétuelle, émission d'actions, etc. sans remboursement, une loi, une révision de statuts peuvent faire changer la situation première et nous rentrons dans tout ce qui a été dit sur le Crédit.

Les Instruments de Crédit se divisent en deux catégories bien distinctes.

1º Ils ne sont pas transmissibles.

·2º Ils peuvent être transmissibles.

Dans la première catégorie se rangent : 1º les promesses à payer à Mʳ X. la somme de.......... à telle époque (ces promesses peuvent se transmesttre par conventions spéciales et après entente avec le prêteur.) 2° Les titres nominatifs qui ne peuvent être réalisés que par un transfert.

Dans la deuxième catégorie se rangent tous les promesses à payer à ordre ou au porteur.

Il est à remarquer que les titres émis par l'État, les compagnies privilégiées ayant monopoles (chemins de fer etc.), les compagnies particulières, sont de véritables instruments de Crédit, surtout lorsque, outre l'intérêt promis, il existe un remboursement de la somme entière au bout d'un certain temps, comme les titres de la Ville de Paris, du Crédit Foncier, etc.

Parmi les instruments de Crédit nous pouvons donc énumérer :

1° Les billets ou promesses de payer des particuliers.

2° Les billets ou promesses de payer des banques.

3° Les bons du trésor papier de l'État.

4° Les effets de Commerce comprenant lettres de change, billets à ordre. traites, warants, etc.

5° Les chèques ou bons sur les banquiers ou autres.

6° Les billets de Banques.

7° Les titres (actions, obligations) nominatifs ou au porteur.

8° Les lettres de gage (Mont-de-Piété, etc.)

9° Récépissés de dépôts de marchandises.

Parmi ces instruments de Crédit, les effets de commerce et le billet de Banque jouent le plus grand rôle au point de vue commercial nous en ferons une étude plus étendue en parlant des Banques.

LES BANQUES

Le Crédit, par la grande division de ses instruments et son étendue; comporte une série d'opérations qui ont dû être centralisées et devinrent l'objet, le travail d'une partie de la Société qui s'y livre, ce que l'on appelle le fonctionnement des Banques.

Le travail des Banques consiste donc, d'un côté, à recevoir, d'un autre, à distribuer les instruments de Crédit ou à les réaliser.

Les Banques servent d'intermédiaire pour le compte d'autrui soit pour le compte des particuliers, soit pour celui de l'État ; en général, elles font toutes les opérations concernant les entreprises publiques ou privées.

Les Banques s'occupent du recouvrement des créances pour les uns et paient pour les autres. Elles spéculent sur les matières d'or ou d'argent, escomptent les effets de Commerce quelconques. Elles font fructifier les valeurs qui leur sont déposées.

En escomptant les effets de commerce moyennant une faible retenue appelée *agio*, elles se donnent le droit du tireur ou créancier, de toucher les sommes énoncées par ces effets.

Les Banques font le Réescompte, c'est-à-dire, escomptent à une autre Banque les effets de commerce qu'elles ont déjà escomptés suivant les circonstances et les besoins d'argent.

Les Banques peuvent émettre, lorsque l'Etat leur accorde, pour aider à leurs opérations, des promesses de payer sur elles-mêmes, payables au gré du porteur.

Elles spéculent sur le change (variations de l'intérêt des effets de commerce sur différentes villes.)

Les Banques prêtent leur concours aux souscriptions, émissions particulières et publiques, moyennant rétributions, suivant les conventions.

Elles lancent des entreprises industrielles à leurs risques et périls, devant avoir à réaliser les capitaux prêtés à brève échéance.

Les Banques font les opérations de virements. Elles créditent le compte de A par le débit de B, lorsque A est le créancier de B.

Elles font des avances d'argent sur titres ou valeurs publiques ou privées qui jouissent d'une certaine valeur par les entreprises qui réalisent des bénéfices.

Les Banques font leurs opérations, soit avec leurs capitaux propres, soit par le Crédit qu'on leur accorde.

Lorsque les Banques ont le privilège d'émettre des billets payables à leurs caisses ; par ces billets, instruments de Crédit, elle s'engagent à les rembourser à vue et au porteur et reçoit Crédit du public qu'elle fait à ses clients.

CLASSIFICATIONS DES BANQUES

Les Banques peuvent se diviser ainsi :

1° Banques privilégiées ayant monopole d'émettre des billets à vue et au porteur et devenant alors banques de dépôts, d'avances sur titres, d'escompte, et de Circulation.

2° Banques n'ayant aucun monopole et faisant les mêmes opérations.

3° Banques de prêts sur gages, comprenant : Crédit Foncier, Banques hypothécaires, etc.

4° Banques d'entreprises, de placement, de spéculations sur titres, etc.

La Classification peut dès lors se résumer ainsi :

Banques Privilégiées

Banques Privées

Les premières qui jouissent d'un privilège doivent forcément être réglementées, par l'émission de leurs billets, par leurs opérations bien définies et par leur organisation.

Les Banques privées ne cherchent qu'à retirer un intérêt quelconque de toutes les opérations qu'elles peuvent faire.

PRINCIPALES OPÉRATIONS DES BANQUES

Dépôts

L'opération la plus ancienne des Banques est l'opération des *Dépôts*.

Elle consiste à recevoir une somme de............ qui est toujours à la disposition du déposant au fur et à mesure de ses besoins, jusqu'à concurrence de la somme totale déposée.

Ce système a beaucoup d'avantage pour les particuliers qui ne veulent pas garder des fonds inutiles chez eux et moyennant un bon sur le banquier qui a reçu leur dépôt, paient ainsi leurs créanciers ou fournisseurs sans dérangement.

Ainsi constitués, les dépôts deviennent les comptes courants qui jouent au fur et à mesure des besoins des déposants.

Il existe encore une autre forme de dépôts. X dépose chez un banquier auquel il a confiance, car le dépôt ne peut venir que de la garantie supposée chez celui qui reçoit, une somme de.......... qu'il ne pourra retirer qu'au bout d'un certain temps soit à vue, 6 mois, un an, etc. et moyennant un intérêt convenu.

Il faut remarquer que plus le temps du dépôt est long, plus l'intérêt est élevé. Ainsi à vue, on compte 1 p. 0/0 à un an 2 p. 0/0 à 2 ans, 3 p. 0/0 à 3 ans etc.

Cette somme déposée devient la propriété exclusive de la Banque qui l'emploie suivant les circonstances et qui n'a qu'un but : le faire fructifier, cherchant alors un intérêt supérieur à celui qu'elle donne.

Ces sommes ainsi déposées permettent aux banques d'étendre leurs affaires par un capital fictif qui est capital réel jusqu'à l'époque du remboursement

Si les Banques privées ne recevaient ou ne pouvaient recevoir de dépôts, le taux de l'intérêt de leurs opérations serait bien plus élevé et cela au détriment de ceux qui ont besoin des capitaux des banques moyennant garantie pour continuer leurs affaires commerciales ou industrielles.

L'opération de dépôts de capitaux s'étend à toutes les sociétés industrielles, à tous les commerçants, au commerce en général Les producteurs n'ayant pas assez de leurs capitaux propres pour étendre leurs affaires, acceptent en dépôt des capitaux avec intérêt de .... pour une période convenue ou encore avec remboursement anticipé, mais avec demande d'un certain temps à l'avance.

Les sociétés qui émettent des actions, obligations, rentrent forcément dans la catégorie des maisons de dépôts. Mais dans espèce, le capital prêté peut être remboursé au bout d'un certain temps ou sans remboursement.

L'intérêt annuel subsistant toujours, les sociétés sont libres de disposer comme elles l'entendent, des capitaux qui leur sont confiés pourvu qu'elles remplissent les engagements qu'elles ont pris, c'est-à-dire, payer ce qu'elles ont promis.

Si l'opération des dépôts pour les Banques ou les particuliers a ainsi de grands avantages en étendant les affaires, il faut dire aussi que dans certains cás, elle peut avoir de graves inconvénients. L'opération des dépôts ne repose entièrement que sur une grande confiance.

Il faut considérer encore que les dépôts peuvent être de deux sortes.

1° à un terme fixe

2° à vue ;

Pour les premiers, il n'y a de dangers que lorsque la maison où sont confiés les capitaux ne fait pas ses affaires.

Dans le deuxième cas, on peut apercevoir de plus près les inconvénients des dépôts.

En effets les dépôts à vue sont généralement en compte courant, c'est-à-dire qu'un compte courant est ouvert à un particulier subit des transformations, un va-et-vient continuel, une série d'opérations de mouvement d'espèces de Crédit et de débit.

Or, comme la Banque des dépôts essaie de faire fructifier le plus possible les sommes qui sont au Crédit de ses comptes courants, soit en escomptant des effets de commerce, ou en faisant des avances d'argent quelconque ; en supposant que, par suite d'événements, tous les comptes courants généralement créditeurs, viennent retirer le solde de leur compte, il s'en suit que la Banque qui a son portefeuille à des échéances plus ou moins éloignées, pour rentrer dans les capitaux avancés, ne saurait, dans un temps relativement court, pouvoir réaliser son actif.

La crise s'en suit, les demandes de remboursement arrivent en masse et la banque de dépot,, si elle n'a pu parer au coup qui la menace, se voit dans l'obligation, même si son bilan est excellent, de sombrer et de liquider. Heureusement qu'il faut encore une certaine consistance dans les bruits les dangers qui menacent les banques de dépôts ; sans cela, elles ne sauraient exister et priveraient la production d'un de ses éléments les plus actifs.

Remarque .— La Banque de France ne donne ni ne reçoit aucun intérêt de ses comptes courants.

Il est encore utile de mentionner les maisons qui, lançant des prospectus à grand fracas, offrent, moyennant le dépôt de vos titres, valeurs, etc. etc. à payer annuellement un intérêt supérieur à celui qui est adhérent à ces titres. Affaire de spéculation à la Bourse qui se solde toujours par la perte entière des titres déposés. Il est bon de mettre en garde le public contre ce genre d'opérations qui ne font qu'enlever les économies aux gens trop naïfs, victimes de leur bonne foi et de leur inexpérience dans les affaires de Banque et de Bourse.

VIREMENTS

Une des plus belles opérations des Banque, c'est assurément celle qui a pour objet les virements.

Les virements sont le corollaire des dépôts.

Par la simplicité de l'opération, les virements ont rendu et rendent de grands services en évitant le mouvement d'espèces inutiles et la commodité de l'absence de toute manipulation de monnaie.

A et B ont un compte courant créditeur dans une banque. A doit à B 5000 fr. A signe un bon appelé bon de virement de 5000 fr. ce qui permet à B de présenter ou d'envoyer à la Banque de dépôt ce bon qui sera porté immédiatement au crédit de B. par le débit de A.

Absence de dérangement, absence de déplacement d'espèces.

Sans cette opération du virement, A serait obligé d'aller retirer 5.000 fr. d'espèces de son compte courant à la Banque de dépôt, de payer B et ce dernier irait les déposer à cette même banque. Résultat nul.

Les virements sont une opération réduite à sa plus grande simplicité, ce qui fait un déplacement de capitaux sans aucun ennui.

Pour se faire une idée du mouvement d'espèces annihilé par cette opération, qu'il nous soit permis de dire que la Banque de France, à elle seule, fait plus de 30 milliards de viremente entre ses différents comptes courants.

Les virements peuvent s'opérer d'une ville sur cette même ville : la seule condition exigée est que le créancier et le débiteur doivent avoir un compte courant chacun dans le même établissement.

ESCOMPTE

Une des opérations les plus importantes des banques est assurément l'escompte des valeurs, appelé escompte des effets de commerce.

Les Banques achètent, moyennant un intérêt fixé, les effets de commerce qui leur sont présentés.

L'opération de l'escompte se divise ainsi :

1° Escompte immédiat des effets contre espèces.

2° Escompte en compte courant.

1° Une personne quelconque présente à une banque qui fait l'escompte (presque toutes le font) un bordereau de un ou plusieurs effets de commerce se montant à une certaine somme. La Banque, à qui est soumis le papier, examine les signatures et, moyennant la retenue consentie, paie la somme à revenir.

Ce cas est l'escompte sans relations suivies. Il a surtout lieu en province où les Banques sont plus à même de pouvoir apprécier la valeur des signatures. A Paris, il est plus difficile, car il est dangereux de faire des avances sur des effets de commerce sans parfaite connaissance de la valeur des effets présentés.

2° Les particuliers remettent leurs bordereaux d'effets en compte-courant et retirent leurs espèces au fur et à mesure, selon leurs besoins. Le plus difficile dans ce cas, c'est d'être assez connu pour que la Maison de Banque vous ouvre un compte. La plupart des commerçants ou sociétés connus se servent de ce moyen. Toute l'habileté consiste à bien faire manœuvrer son compte courant de manière à en tirer le plus grand parti possible.

Les comptes courants s'arrêtent généralement tous les 3 mois et sont créditeurs ou débiteurs d'une certaine somme d'après laquelle on fait suivre les opérations du trimestre suivant. Dans ces conditions, deux industriels faisant le même mouvement ou même chiffre d'affaires pendant un certain temps, auront, à l'arrêté de leur compte, une différence dûe à l'intelligence et à la connaissance plus ou moins grande de l'un ou de l'autre.

Les Banques prennent, en général, 6 0/0 aux comptes débiteurs; par contre, ne donnent que 3 0/0 aux comptes créditeurs.

Dans certains cas, les comptes courants ont quelquefois intérêt à avoir un découvert plus ou moins grand dans les banques avec lesquelles ils sont en relations d'affaires. En effet, supposons un producteur n'ayant qu'un capital évalué à 50,000 fr. et qui éprouve de la difficulté à trouver des prêteurs directs qui peuvent lui demander le remboursement des sommes prêtées au bout d'un certain temps : les capitaux, mis dans l'exploitation, en étant retirés, peuvent lui causer un préjudice plus ou moins grand. La Banque ayant des garanties immobilières lui laissera toujours son compte à découvert d'une somme de............ fixée.

Ce découvert sert de capital constant. Or, si l'intérêt payé par ce capital est élevé à 6 0/0 et qu'il rapporte à l'exploiteur 20 0/0, il aura donc intérêt à agir de cette manière.

La réalisation seule pourrait causer quelques embarras, surtout si elle est demandée dans un moment où l'on a besoin de tous ses capitaux disponibles. Mais ce cas n'est pas très suivi, car il est plus facile de pouvoir trouver des capitaux à un intérêt moindre que celui payé dans les Banques.

L'escompte, dans les Banques, se fait au moyen des capitaux propres des Banques ou avec les capitaux apportés par les dépôts.

La difficulté pour les Banques, dans l'escompte ou toutes sortes d'opérations consistant en avances d'espèces contre garantie, est donc de faire fructifier le plus possible les capitaux confiés ; mais aussi il leur faut être prêtes à payer les remboursements qui peuvent être demandés. C'est donc un grand roulement d'espèces : prêtant aux uns, remboursant aux autres de ne pas garder de capital immobile.

Devant cette difficulté il arrive parfois que les demandes d'argent sont supérieures aux capitaux disponibles et les Banques se voient alors obligées de restreindre leur escompte :

1º En élevant le taux de l'escompte.

2º En examinant plus attentivement et en étant plus sévères sur le papier qui est soumis à l'escompte.

3º Par le Réescompte, délai à courir pour arriver à l'échéance.

Par ce dernier moyen, la banque vend sa créance à une autre banque qui a des capitaux non engagés et disponibles moyennant un intérêt convenu. Elle agit alors par voie d'endossement et devient responsable en cas de non paiement et ne peut, dès lors, avoir que son recours contre les comptes courants qui lui ont soumis des effets de commerce à l'escompte.

Il reste encore à savoir que, malgré ce contre-sens de l'opération de l'escompte, les banques ne sauraient escompter des effets de commerce à trop longue échéance. L'intérêt perçu devient plus élevé, il est vrai, mais le capital reste trop longtemps prêté et les banques se trouveraient fort embarrassées devant les nouvelles demandes qui pourraient leur être faites.

Toutes les opérations d'avances, faites dans les banques, dépendent uniquement de la bonne administration, des garan-

ties soumises et plus ou moins réalisables, du cboix des signa-
ures et en prenant pour règles la prudence et l'ordre dans les
affaires.

AUTRES AVANCES

Par suite de l'extension des affaires et pour rendre service à
ceux qui, tout en possédant quelque fortune, se trouvent
dans la situation d'avoir besoin, à une certaine époque, d'espèces ou de capitaux, les banques ont et sont amenées par la
force du courant commercial à faire des avances d'espèces ou
billets de banque sur des titres au porteur de rentes, actions
obligations publiques ou privées ayant une certaine valeur,
ou encore sur marchandises déposées et renouvelées.

Le seul inconvénient qu'il y ait pour l'emprunteur, c'est
lorsque celui-ci a besoin d'un renouvellement. La Banque se
voit dans l'obligation de lui refuser, parce que, son capital se
trouvant engagé dans d'autres opérations, elle a besoin d'en
réaliser une partie.

Dans ces conditions les banques ne peuvent perdre puisqu'elles ont une garantie entre les mains, mais elles gênent
celui qui a encore besoin du capital emprunté.

La seule chose nuisible pour les Banques c'est lorsqu'elles
font des avances à découvert, en vue de réaliser de plus gros
bénéfices. Elles peuvent alors se trouver fort gênées par
l'impossibilité que l'emprunteur a de payer.

Sur les avances faites sur hypothèques d'immeubles, le dan-
ger peut être moins grand mais il peut exister une dépréciation.
Aussi a-t-on le soin de ne faire l'avance qu'au-dessous de la
valeur réelle et, lorsqu'il s'agit de faire réaliser, la valeur
empruntée est parfois supérieure à la valeur vendue.

De même encore dans certains cas pour les avances sur titres
qui subissent, par suite d'événements, une baisse considérable ;
les emprunteurs laissent traîner leurs avances dans l'espérance
de voir une hausse sur les titres engagés. Si cette espérance est
déçue, il y a perte pour la Banque, qui, si elle a fait l'opération
entraînant un fort capital, est forcée de sombrer.

RÉSUMÉ HISTORIQUE

SUR

LE DÉVELOPPEMENT DES BANQUES

Dans l'Antiquité, à Athènes il existait des Banques appelées *Trapezitaï* (de *Trapeza* table ou comptoir).

Ces Banques faisaient le change des monnaies, avances et dépôts, virements de fonds.

A Rome, on les appelait *Argentarii* (352 ans ayant J.-C.). Puis plus tard, furent institués des *Mesarii* (de *mensa*, table) officiers publics opérant pour le compte du trésor public et prêtant sur garanties aux *clients* plébéiens poursuivis par leurs créanciers ou *patrons* les patriciens.

Au moyen-âge, dans certaine villes italiennes, chaque banquier avait un banc ou comptoir, *banco*, sur lequel il faisait les opérations de banque autorisées à cette époque.

Lorsque le banquier faisait de mauvaises affaires, son banc était rompu par les créanciers (*banco rotto*) de là le mot banque et ensuite banqueroute.

Au moyen-âge, les banquiers ne se livraient qu'à l'échange des monnaies puis, peu à peu, devinrent les intermédiaires entre les capitalistes et les producteurs.

Cette manière de faire se fit tout d'abord avec les monnaies, puis, plus tard, avec l'aide des billets à ordre, lettres de change. Le prêt, ou avance consentie, prit la forme d'escompte de là le mot *change* qu'il ne faut pas confondre avec le change des monnaies.

Lorsque la division du travail, par suite la production, se produisit; les banques se livrèrent à des spécialités.

On put, dès lors, les diviser en banques de dépôts et de virements et banques d'escompte et de circulation.

Parmi les Banques de dépôts qui datent du moyen-âge il faut citer la Banque de Venise établie en 1171, et qui finit en 1797.

La Banque de Gênes, dite de Saint-Georges en 1407.

La Banque de Barcelonne en 1407.

La Banque d'Amsterdam en 1609.

En 1814, elle fut réorganisée sur le modèle des banques modernes.

La Banque de Hambourg en 1619.

Les Banques de Nuremberg et Rotterdam en 1621 et 1625 et qui ont cessé d'exister depuis longtemps.

Ces Banques recevaient toutes sortes de monnaie à des titres différents. Elles s'étaient créées une monnaie fictive appelée monnaie de banque et dont la valeur était supérieure à la monnaie en cours. Les avances qu'elles faisaient étaient toujours inférieures aux monnaies déposées. Un négociant donnait un simple transfert ou virement et la somme changeait de propriétaire au moyen de certificats.

Il faut voir là la naissance du billet de banque.

Le premier perfectionnement se trouve dans la banque de Stockolm vers 1668, fondée en 1557 et celle d'Angleterre en 1694

Un fait à remarquer, c'est que vers la fin du XVIIe siècle ou au commencement du XVIIIe siècle les grands établissements laissèrent aux banques privées les opérations d'escompte.

De nos jours, les banques publiques, qui ont la faculté d'émission de billets, sont à la fois banques de dépôts et de circulation.

Les banques privilégiées doivent étendre de jour en jour leur sphère d'action pour aider à l'extension des débouchés.

Les banques privées les ont fortement devancées

En France, parmi les banques actuelles, il faut citer la Banque de France, comme étant la seule banque ayant le privilége d'émettre des billets.

Vers 1848, pour venir en aide au commerce, on a créé le Comptoir d'Escompte de Paris sous le contrôle de l'Etat ainsi que le Crédit Foncier, fondé en 1852 alors comme banque hypothécaire.

Enfin, comme banques privées importantes, il faut citer le Crédit Lyonnais, fondé en 1863, le Crédit Industriel et Commercial, créé en 1859, la Société Générale, etc., etc.

Banque d'Angleterre. — La Banque d'Angleterre qui fait les mêmes opérations que la Banque de France fut fondée en 1694 par W, Paterson. Régie plus tard, en 1844, par le bill dit de Robert Peel, alors premier ministre, elle fut divisée à cette époque, en deux départements : celui de l'émission des billets contrôlés par l'autorité et celui des opérations de banque qui ne dérivent pas du gouvernement. La Banque d'Angleterre peut émettre des billets (*bank notes*) jusqu'à concurrence de 14 millions de livres sterling, montant de son capital, dont 11 millions de rentes sur l'Etat. Passé ce chiffre, le département des opérations, pour avoir des billets, est obligé de donner de l'or en garantie.

Son taux d'escompte varie suivant les circonstances et on l'a vu de 2 1/2 à 10 0/0. La circulation des billets était, en 1870, de près de 24 millions de livres sterling : soit 606 millions de francs en décembre 1887, de 24 millions 060 mille livres sterling. On se rappelle son emprunt de 75 millions qu'elle fit à la Banque de France il y a quelques années. Elle suspendit ses paiements en espèces en 1797 sous le ministère Pitt et les reprit en 1822 sous le ministère Robert Peel.

Si une autre Banque vient à sombrer elle a le droit d'augmenter ses émissions des 2/3 du papier que cette banque avait le droit d'émettre.

La Banque d'Angleterre encaisse les revenus publics et paie les créances faites sur l'Etat.

Outre la Banque de Londres et ses succursales (*bank branches*) il y en a d'autres sous différents noms qui ont le droit d'émettre des billets.

De 1708 à 1826 une clause de la charte avait interdit les émissions à toutes les Sociétés de plus de 6 associés appelées banques privées. En 1826, après la crise qui avait fait crouler 80 banques en 2 ans (1825-1826) sur 7 ou 800 ; on permit un plus grand nombre d'associés, de là les banques à fonds unis, mais qui ne devaient exercer qu'à un rayon au-delà de Londres de 65 milles (23 lieues 104 k.) et ne pas faire des billets payables à Londres.

La Banque d'Irlande fut fondée en 1825 et se trouve dans les mêmes conditions.

En 1708, en Ecosse (à peine réunie à l'Angleterre en 1707) une banque se fonda librement et sur une base solide sous le nom de banque d'Ecosse.

Les banques d'Angleterre, d'Irlande et d'Ecosse sont actuellement régies par le bill de 1845.

Toute autre banque qui suspend ses paiements est déchue du droit d'émission.

Autres banques Etrangères. — En Suisse, il faut citer la Banque de Genève comme banque d'émission.

Aux États-Unis, la liberté d'émission de billets n'existe que dans les États de la Nouvelle-Angleterre et produit de bons effets.

A New-York, l'Etat est intervenu à la suite de la guerre par les lois de 1863-64-65. Le Congrès a décidé que chaque banque devait avoir un capital proportionné à la population et déposer des bons ou titres de la dette évalués à 90 0/0 du cours pour une somme égale à celle des billets qu'elle veut émettre. De 1791 à 1831, il y a eu aux États-Unis une banque centrale avec privilége et monopole.

Dans les autres parties du monde, on a cherché à imiter la Banque de France et la Banque d'Angleterre au point de vue de leur organisation et de leur fonctionnement.

Ces banques dépendent plus ou moins du gouvernement.

Ce n'est qu'en 1817 que la Banque de Vienne joignit à ses opérations celle de l'escompte.

La Banque de Prusse succède en 1846 à la Banque Royale. En outre, on compte 8 petites banques d'émission en Prusse Dans le centre de l'Allemagne on en constate davantage.

En Italie, lors de l'annexion de 1860, 5 ou 6 banques luttent d'influence. Remarquons que les banques liées avec le pouvoir ne tardent pas à voir leurs billets transformés en papier monnaie et plusieurs ont passé de la suspension de paiement à la faillite telles que les banques de Venise, de Saint-Pétersbourg de Rio-Janeiro et de Buénos-Aires.

EFFETS de COMMERCE

Billets a Ordre, Lettres de Change, Traites Commerciales, Chèques, Warrants

BILLET A ORDRE

Le Billet à ordre ou promesse de payer, qui tient une grande place parmi les instruments de crédit, est l'engagement pris par une personne de payer à une autre personne, à une époque déterminée, une somme quelconque. Cette autre personne peut le transmettre à un tiers par voie d'endossement.

Modèle d'un Billet à ordre :

Paris, le 1er Septembre 1894   *B. P. F.* **500**

Au trente et un Octobre prochain, je paierai à M. X. ou à son ordre la Somme de CINQ CENTS FRANCS, valeur reçue en compte.

Y.

Rue..........

Paris, le. . . . . représente l'époque de la création du Billet.

Au trente et un Octobre, l'époque du paiement ou échéance.

Je paierai à M. X. ou à son ordre veut dire que Y versera entre les mains de X. ou à une autre personne porteur dudit billet et transmis par voie d'endossement par ces mots ou à son ordre la somme de 500 fr.

La valeur qui peut être :

Valeur en marchandises
Valeur en espèces
Valeur en compte
Valeur reçue comptant.

doit toujours être exprimée.

X est le bénéficiaire du créancier.

Y est le souscripteur ou débiteur.

Endos. — L'Endos est ainsi libellé :

Payez à l'ordre de M. Z. valeur en compte (ou reçue comptant.

Paris, le . . . . . .

X.

Z peut transmettre le billet à A., A. à B., etc., etc. toujours par ce moyen de l'endossement.

Le billet peut être à ordre ou sans ordre ; dans ce dernier cas il doit rester entre les mains du bénéficiaire et c'est lui-même qui en touche le montant à l'échéance.

LETTRE DE CHANGE

Historique. — On fait remonter généralement l'origine de la lettre de change au 12e siècle. Les Juifs bannis de France en 1318, sous Philippe-le-Long, se réfugièrent en Lombardie. Comme ils n'avaient pu réaliser leur fortune, ils imaginèrent le moyen de retirer leurs fonds laissés entre les mains de leurs amis et se servaient de pèlerins et de voyageurs.

Une ordonnance de Louis XI en 1462 favorisa l'usage très-rapide de ces lettres. Les Lombards et les Templiers, avec leurs établissements dans les divers pays, ont vulgarisé la lettre de change.

La différence entre le billet à ordre et la lettre de change consiste en ce que la lettre de change est tirée d'un lieu sur un autre et qu'elle énonce un ordre de payer à l'échéance une dette contractée.

Dans le commerce, on se sert du même libellé des lettres de change pour recouvrer des créances sur une même ville, elles sont appelées plus vulgairement traites commerciales.

Modèle d'une lettre de change.

Paris, le 1er Septembre 1893   **B. P. F. 500**

Au Trente et un Octobre prochain, veuillez payer par cette seule lettre de change à l'ordre de M. X. la somme de CINQ CENTS FRANCS valeur en compte que passerez suivant avis de. . . . . . (ou sans avis.)

à M. Y.

Rue. . . . .   Z.

à Bordeaux   rue

Pour les traites commerciales on a abrégé ce texte pour le remplacer par un autre plus simple :

Paris, le 1ᵉʳ Septrmbre 1893   B. P. F. 500

Au trente et un Octobre prochain, veuillez payer contre le présent mandat à l'ordre de M............ ou à mon ordre la somme de CINQ CENTS FRANCS valeur en compte ou en marchandises.

M   Y.

rue. . . . .   *Z.*

Bordeaux   *rue. . . . . .*

Lorsque l'on met *à mon ordre,* le créancier est obligé de signer une seconde fois à l'endos, ce qui donne du travail sans rien changer ; le plus communément on inscrit l'ordre directement.

Lorsque le dos de l'effet est entièrement rempli par suite d'un grand nombre d'endos, on ajoute à l'effet une feuille de papier appelée *allonge* et servant à en mettre d'autres.

Dans la lettre de change le souscripteur se nomme *tireur,* le payeur *tiré* et celui au profit de qui elle est faite s'appelle *bénéficiaire* ; si elle est transmise par voie d'endossement à une autre personne, celle-ci prend le nom de *tiers porteur* et celle qui l'aura donnée *cédant.*

La lettre de change doit être tirée d'un lieu sur un autre (Dans le commerce, comme nous l'avons vu plus haut, elle n'est plus lettre de change lorsqu'elle est tirée sur une même ville, mais simplement traite.)

Elle doit énoncer :

1º La date de création,
2º La somme à payer,
3º Le nom du Tiré,
4º L'échéance,
5º Le lieu de paiement,
6º La valeur fournie,
7º La signature du Tireur.

Elle est à l'ordre d'un tiers ou du tiers lui-même.

Elle indique si elle est 1ʳᵉ, 2ᵐᵉ, 3ᵐᵉ, etc.

Elle peut indiquer un autre domicile de paiement que celui du tiré, ainsi :

à M. X, à Tulle.
Payable à Lyon chez M. A.

En cas d'oubli d'un des éléments énoncés ci-dessus, exigés par la loi, la lettre de change n'est plus qu'une promesse.

La lettre de change ainsi que le billet à ordre et le warrant sont soumis à un droit de timbre fixé actuellement à 0.25 pour 100 fr. et au-dessous, de 0,10 de 100 à 200 fr., etc.

L'Etat vend des effets de commerce tout timbrés pour les sommes que l'on veut représenter, ainsi que des timbres mobiles pour les traites des commerçants.

Timbre. — Le timbre mobile doit représenter la somme énoncée. Ainsi un effet de 350 fr. sera timbré de 300 à 400, soit 0,20. En cas de valeur moindre, lorsque l'effet de commerce a été en circulation et qu'il y a eu protêt, l'enregistrement perçoit un droit : amende qui varie suivant la somme.

Lorsqu'il n'y a pas de timbre sur un effet de commerce, l'amende perçue par l'enregistrement est de 6 % du montant de l'effet. Cette amende frappe le tireur, le bénéficiaire, le tiré, s'il accepte l'effet de tous les endosseurs.

Le timbre mobile, excepté pour les lettres de change venant de l'étranger qui sont soumises aux droits et lois de leur pays, doit être placé pour les traites de France à droite ou à gauche de la signature du tireur, mais près de cette signature et non à l'extrémité gauche de l'effet. Quelques enregistrements, en cas de protêt infligent de même l'amende.

Enfin le timbre mobile doit contenir le lieu et la date de création de l'effet et la signature du tireur.

L'annulation doit être faite soit à l'aide d'un timbre énonçant les formules ci-dessus ou à la main ; dans ce dernier cas, l'annulation toute entière doit être écrite, sans surchage et non à l'encre rouge. Les signatures à « la griffe » ne sont ni admises, ni valables.

Il n'y a de tolérance que pour les bons du Trésor, les billets de banque, etc.

Provision. — La provision consiste en une créance quelconque du tireur sur le tiré. Nul n'a le droit de créer des effets de commerce sur des personnes imaginaires ou personnes quelconque sans provision et sans avis : ce serait commettre un faux. Les tireurs en cas de faillite, s'exposent a être poursuivis comme banqueroutiers.

Acceptation. — Dans le commerce, et ce sont généralement les banques qui se chargent de cette opération, on cherche à savoir s'il y a provision chez le tiré au moyen de la présentation de l'effet de commerce avant l'échéance, car si le tiré reconnaît devoir la somme énoncée à une époque déterminée, il ne fera aucune difficulté pour l'accepter en mettant à gauche de l'effet :

Accepté   Z.

L'acceptation doit être faite à présentation ou à défaut ; l'effet doit être rendu dans les 24 heures suivant la loi. La loi exige le mot accepté et la signature du tiré, Lorsqu'il y a refus pour un motif quelconque, ce refus est signifié par un acte d'huissier appelé (*protêt*) faute d'acceptation. Le dernier porteur a recours contre tous les endosseurs et en dernier lieu contre le tireur.

Lé visa pour les effets de commerce à jours ou mois de vue se libelle ainsi par l'acceptation

Vu le 15 Août 1893   X

Lorsque l'acceptation est faite pour une partie de la somme seulement, elle est acceptation restreinte et on doit faire protester pour le surplus.

Échéance — L'échéance d'une lettre de change ou d'un effet de commerce doit être à époque déterminée, par exemple ;

Paris, le 17 Août 2893.

Au dix Septembre prochain, etc.

Dans ce cas, l'échéance est le jour où l'on présente l'effet serait-ce le lendemain de sa création.

L'échéance peut être à fin de mois, à 2 ou 4 mois de la date de création.

Dans aucun cas le terme ne peut être prolongé, l'échéance est abrégée et avancée d'un jour.

Les lettres de change créées le 28 Février à 3 mois de date par exemple sont payables le 28 Mai ; celles créées le 31 Décembre à 2 mois sont payables le 28 ou 29 Février.

L'échéance est indéterminée lorsque l'effet est tiré ainsi :

à un ou plusieurs jours de vue.

»   mois de vue.

»   usances de vue.

L'échéance est alors fixée lorsque l'effet est présenté à l'acceptation et le délai court à cette date.

L'usance est une période de 30 jours qui court du lendemain de la date de création.

L'usance varie suivant les pays : à Londres l'usance des lettres de France est de 30 jours, en Espagne de 2 mois, à Livourne, Gênes, Venise de 3 mois. Par contre, à Hambourg pour les lettres de France, d'Angleterre, de Venise, l'usance est une période de 2 mois.

A Hambourg, pour les lettres d'Anvers et de Nuremberg, l'usance est de 15 jours de vue.

Les effets payables à vue ou à un certain délai de vue doivent être présentés aux tirés dans les 3 mois de création pour les effets d'Europe ou d'Algérie payables en France ou en Algérie.

Pour les autres pays étrangers hors d'Europe ou des colonies françaises payables en France. le délai est de 4 mois à un an et doublé en cas de guerre maritime.

En cas de protêt, faute d'acceptation, l'échéance est déterminée à partir du jour du protêt.

L'échéance peut être encore en foire, c'est-à-dire le paiement doit avoir lieu la veille de la clôture de la foire et le jour même si elle ne dure qu'un jour.

Les effets dont l'échéance tombe un dimanche ou jour de fête légale doivent être présentés la veille.

Les jours de fêtes légales sont :

Le 1er Janvier

Pâques et le Lundi de Pâques

Ascension

Pentecôte et Lundi de Pentecôte

14 Juillet

Assomption.
Toussaint.
Noël.

Aucun acte d'huissier ne doit être lait ou signifié les dimanches ou jours fériés.

Lorsque le dernier endosseur présente l'effet de commerce, si le tiré ne le paie pas, ce dernier, suivant l'usage établi peut venir le payer à la maison qui le détient le soir même jusqu'à une heure déterminée ou le lendemain jusqu'à midi, sans frais, chez l'huissier ou le détenteur de l'effet ; après cette heure, l'effet devant être entre les mains de l'huissier, il est perçu une course, le prôtêt se faisant le soir même.

Les dimanches et fêtes ne comptant pas, le tiré peut bénéficier d'un ou deux jours suivant les circonstances.

En cas de poursuites, un délai est accordé par les tribunaux pour le paiement.

Endossement. — L'endossement d'un effet de commerce quelconque doit être régulier. Il indique le nom du nouveau créancier, la valeur de cette créance fournie, et la date de la cession.

Aucune surcharge ou grattage ne doit être fait sur les effets. de commerce sans approbation, sous peine de faux. Pour le timbre mobile, aucune approbation n'est admise.

Solidarité. — Toute personne qui a endossé ou signé un effet de commerce est responsable de la somme envers le dernier porteur.

Aval. — Dans le commerce, pour donner plus de sécurité, plus de solvabilité à un effet de commerce, on peut le garantir par un *aval*. L'aval se met ainsi :

Bon pour aval
X.

X devient responsable envers les tireurs et endosseurs à moins d'énonciations contraires.

Paiement. — L'effet de commerce doit être payé à son échéance avec la monnaie reconnue en France. L'or, les billets de banque et la pièce de 5 francs en argent peuvent être donnés en paiement pour la quantité que l'on veut. A chaque mille francs de pièces de 5 francs un droit de 0 fr. 10, appelé passe de sac est de droit. Le payeur ne peut donner plus de 30 fr. de pièces divisionnaires. La monnaie de billon fait l'appoint.

Le tiré peut s'il le désire et par suite de circonstances qu'il faut apprécier, payer une traite avant son échéance. Il est obligé, dans ce cas, de rechercher en quelles mains elle se trouve. Aucun effet de commerce ne peut être présenté avant son échéance : qui à terme ne doit rien.

Le porteur ne peut être contraint avant l'échéance d'en recevoir le montant.

L'effet doit être acquitté.

Pour qu'un paiement d'une lettre de change soit valable, lorsqu'elle est faite sur 2e, 3e, etc., il faut que l'exemplaire présenté qui porte l'acceptation annule les autres et que cet exemplaire soit retiré.

Aucune opposition n'est admise en matière de paiement qu'en cas de perte de l'effet de commerce, cas auquel on crée un duplicata de l'effet.

Lorsqu'un à-compte est versé sur un effet de commerce, ce versement libère d'autant les endosseurs et tireurs, mais le dernier endosseur doit faire protester pour la différence.

Le tribunal de commerce peut accorder un délai pour le paiement des effets de commerce.

Les effets payables à l'Étranger suivent les lois de leur pays.

Paiement par intervention. — Un effet de commerce protesté peut-être payé par une autre personne pour le compte soit d'un endosseur, soit du tireur. Ce paiement libère les autres endosseurs. Il s'indique par ces mots : *au besoin chez M. X.* Cet usage est assez fréquent entre banquiers qui sont en relations d'affaires.

Devoirs et droits du Porteur. — Le dernier porteur d'une lettre de change ou tout autre effet de commerce doit en faire la présentation et exiger le paiement le jour de l'échéance, s'il ne s'est pas présenté dans les 3 jours, le tiré est autorisé à déposer la somme à la caisse de dépôts et consignation et un acte de dépôt est dressé. En cas de refus de paiement, faire constater par le protêt à bonne date. Si le porteur a été négligeant, il est déchu de tous ses droits envers les tireurs et endosseurs.

Le porteur est dispensé de faire le protêt 1° par la clause, sans frais; 2° par un cas de force majeure, guerre, etc.; 3° par l'impossibilité de faire le protêt à bonne date.

Protêts. — Il existe 2 sortes de protêts :

1° Le protêt faute d'acceptation ;

2°　　　　》　　　　de paiement.

Le protêt est fait généralement par un huissier.

Le protêt indique le libellé de l'effet de commerce non payé ou non accepté, il indique les endos et le motif des refus ou d'acceptation ou de paiement et la demande ou le refus de signer les motifs.

Une copie doit en être laissée à l'interressé. Le protêt doit être fait le surlendemain de l'échéance, il ne saurait être fait un dimanche ou jour férié.

Rechange. — La rechange se fait au moyen d'une autre traite. Le dernier porteur d'un effet de commerce, n'ayant pas obtenu satisfaction de la part du tiré, fait une traite nouvelle sur le tireur ou sur l'un des endosseurs.

Cette nouvelle traite est accompagnée d'un compte de retour, notifiant le principal, les frais de protêt, commission, timbres, port de lettres, intérêt de retard, etc.

Il ne peut être fait qu'un seul compte de retour pour une traite.

Modéle d'un compte de retour

Capital
Frais de protêt
Intérêts de retour
Timbre de la présente.
Commission
Ports de lettre
Rechange

Total

Dans le commerce, généralement on se sert peu du compte de retour, on se contente de faire suivre l'effet de commerce par les endosseurs jusqu'au tireur qui doit en opérer le remboursement et qui en devient responsable avec le principal et frais de protêt ou autres.

Pour éviter des frais à certains effets de commerce dont la provision paraît douteuse, un usage entré dans le commerce est d'apposer sur l'effet la mention „sans frais,,. En cas de non paiement. l'effet est retourné simplement sans protêt au tireur. Même manière de faire pour éviter „le compte de retour,,.

Afin d'éviter l'acceptation, certains effets de commerce portent la mention „non acceptable,,. L'effet ne peut être dès lors présenté qu'à l'échéance.

Toutes les dispositions précédentes sont applicables à tous les effets de commerce.

Toutes les obligations relatives aux effets de commerce se prescrivent par 5 ans à partir du jour du protêt et de la dernière poursuite juridique.

Les engagements pris par des mineurs non commerçants; femmes mariées ou non, non commerçantes ne seront réputés que comme effets de promesses ordinaires.

Les effets de l'Étranger payables en France sont soumis à la législation française et passibles du droit de timbre,

---

'CHÈQUE

Le chèque qui vient du mot anglais *check*, bon, mandat, joue un grand rôle dans le commerce et dans les banques où il est d'une grande commodité.

On a trouvé fortement à redire, sur ce que le chèque n'était frappé que d'un droit de timbre minime, alors que les autres effets de commerce sont soumis à un timbre proportionnel et qui devient fort coûteux lorsqu'il s'agit de sommes importantes. Mais il est des raisons pour qu'il en soit ainsi.

Le chèque, n'est en quelque sorte, dans la plupart des cas de son emploi, qu'une pièce de caisse constatant un prélévement d'une partie ou de toute la somme qui est au crèdit d'un compte dans une maison.

Dans le commerce on se sert du timbre à quittance, dans la Banque du chèque.

Le chèque diffère, dans son libellé, de tous les effets de commerce.

MODÈLE D'UN CHÈQUE

Paris, le vingt Mars 1894   B. P. F. 500

A vue payez contre ce chèque *au porteur* ou à *mon ordre* la somme de Cinq Cents Francs

M. Z... à PARIS   *Signé*

à BORDEAUX   X...

Le chèque doit être daté en toutes lettres sans surcharge ni grattage; il est payable à présentation et ne peut être tiré qu'à vue. Il énonce s'il est payable au porteur ou à ordre par voie d'endossement. Il faut alors rayer l'une ou l'autre mention lorsque l'on veut s'en servir. Le chèque n'indique pas de valeur; la provision devant être faite d'avance. Il peut être tiré d'une ville sur cette même ville (timbre 0.10, délai de présentation : 5 jours, y compris celui de la création) ou d'une ville sur une autre ville (timbre 0.20, délai de présentation : 8 jours y compris celui de la présentation.) Si le chèque est au porteur, il doit être payé à la personne qui le détient. Le chèque ne peut être payable chez un tiers.

Le chèque est détaché d'un carnet à souche et le talon énonce les mêmes indications que le chèque lui-même.

La provision doit être faite au préalable chez le tiré d'un chèque.

Les dispositions relatives aux autres effets de commerce sont applicables au chèque.

En cas de protêt, outre les frais ordinaires, une amende de 6 0/0 sur le montant est appliqué.

Les chèques sont réglementés par les lois des 14-20 Juin 1865, et 19 Février 1874.

WARRANTS

Il existe des Magasins Généraux qui sont autorisés par l'Etat à recevoir les marchandises et objets fabriqués que les négociants ou fabricants mettent en dépôt.

Ces magasins rendent de grands service au commerce en permettant aux déposants d'étendre leurs affaires. Le reçu des marchandises déposées prend le nom de Warrants.

Le Warrant vient du mot anglais : *Warrant* : justification, titre, brevet.

Le Warrant constate que dans tel magasin se trouve en dépôt telle marchandise laissée en garde par M. X...

Le reçu de cette constatation se compose du récépissé timbré à 0.60, pouvant suivre le warrant, pouvant être entre les mains du déposant ou du créancier à qui il a vendu le dépôt, et qui indique le nom du déposant, sa profession, sa demeure, la nature de la marchandise et la valeur.

Le Warrant et la pièce jointe au récépissé contient outre ces indications le nombre, les espèces, les marques, les numéros, les poids ou quantités de la marchandise déposée. Le Warrant est à ordre, négociable, seul ou avec le récépissé. par voie d'endossement et est soumis au timbre proportionnel.

Un certificat d'expertise est joint au Warrant lorsqu'il est négocié,

L'Expert doit indiquer si l'estimation est faite sur échantillons présentés ou d'après les registres des Magasins Généraux.

Le dernier porteur du Warrant devient le propriétaire de la marchandise déposée si la somme avancée sur cette marchandise n'est pas payée à l'échéance indiquée, échéance qui est toujours fixe. Il peut, huit jours après le protêt et sans autre formalité, faire vendre aux enchères et en gros la marchandise déposée.

Les sommes prêtées sur les marchandises déposées varient suivant les fluctuations plus ou moins grandes qui peuvent se produire, suivant la nature de la marchandise et suivant la manière d'opérer des maisons de banque qui se livrent à ces opérations.

En cas de vente de marchandise, la somme excédant celle prêtée est déposée à l'administration des Magasins Généraux dépositaires. Le porteur du Warrant n'a de recours contre l'emprunteur qu'en cas d'insuffisance de la somme prêtée.

Les Warrants peuvent être escomptés comme les autres effets de commerce et sont soumis aux mêmes formalités et lois.

LE BILLET DE BANQUE

Aux instruments de crédit dont il a été fait la description dans les chapitres précédents, il faut en ajouter un qui par ses commodités, ses avantages joue un des plus grands rôles dans le monde. C'est le billet de banque.

Il mérite une étude spéciale.

Historique. — La création du billet de banque remonte à une époque très reculée. Les historiens en font dater l'origine depuis 4580 ans. La Chine fut le berceau de sa naissance; l'un de ces billets portant la date de 1399 se trouve en Russie à l'Académie des Sciences. On se servait à ces époques de feuilles sur lesquelles on inscrivait les sommes que l'on voulait représenter. Ces feuilles étaient émises par des établissements créés à cet effet qui étaient chargés d'en diriger le mouvement. Le peuple en recevait du Gouvernement, le contribuable s'en servait pour payer ses impôts. L'Empereur de Chine crut enrichir son pays en en étendant l'émission à 10 fois le stock monétaire du pays. La réaction ne tarda pas à s'opérer; on se pressa aux caisses, alors suspension de paiement faute de numéraire. Malgré le cours forcé, la banqueroute vint et l'essai malheureux appauvrit le pays et mit le désarroi dans les affaires.

Dans d'autres contrées, on se servit, comme en Virginie, de bons de tabac remplaçant le billet de banque.

Plus tard, en Angleterre, les Londoniens déposèrent des sommes considérables dans la tour du Parlement sous la garde du roi Charles Ier, mais le roi s'en servit pour soutenir les guerres qui avaient épuisé ses finances. Ce manque de loyauté ne fut pas du goût des habitants qui s'adressèrent alors aux orfèvres qui leur délivrèrent des bons appelés *bons des orfèvres,* négociables en échange de leurs espèces.

En France, le billet de banque ne fit son apparition qu'en 1716. A cette époque LAW quitta l'Ecosse, sa patrie, et vint offrir au duc d'Orléans, régent de France un nouveau moyen de crédit appelé à rendre de grands services et à remettre en état les finances épuisées.

Ce système consistait dans l'émission de billets de banque à vue au porteur et remboursables à volonté en numéraire. L'idée excellente fut vite appréciée et accueillie avec empressement par tout le monde. Le chiffre d'émission qui ne devait s'élever qu'à un milliard 200 millions, valeur correspondante des espèces monétaires en France, fut dépassé par suite de l'extension des affaires et par la spéculation et porté à 2.700 millions et même 3 milliards de livres. Les porteurs de billets effrayés accoururent aux caisses qui ne purent payer au bout d'un certain temps. L'entreprise malheureuse de la Louisiane ne fit que hâter le dénouement d'une idée très-bonne, mais qui devait avoir pour guides : la prudence et la sagesse.

La chute du système de LAW fut un gouffre pour des fortunes privées, et malgré les peines les plus sévères contre ceux qui refusaient les billets en paiement, personne n'en voulait entendre parler; rien n'y fit, les lois économiques sont toujours plus fortes que les lois draconniennes.

En 1776, on créa une nouvelle Banque dont les billets timidement reçus rendaient néanmoins de grands services. Ces billets disparurent au milieu de la tourmente révolutionnaire de 1789 et remplacés par les assignats, qui atteignirent le chiffre énorme de 45 milliards comme émission; il est vrai que les Anglais en fabriquaient pour arriver plus vite à la ruine de la France.

Après la Révolution, quand les résultats furent constatés, les avantages du billet de banque firent naître l'idée de nouvelles émissions qui furent faites par des banques particulières. Mais le contrôle difficile pouvait encore assurer des surprises. C'est alors que le 18 Janvier 1800, le premier Consul créa à cet effet la Banque de France avec privilège d'émettre seule des billets de banque et où vinrent se fondre les autres banques autorisées pour les émissions.

A l'origine les billets de banque émis étaient de 1000 et 500 f.; en province de 250 fr. payables seulement au lieu d'émission. Il y avait une faible perte de change pour le public qui en désirait le remboursement. Mais avec l'extension des affaires, les moyens plus rapides de communication, on sentit la nécessité d'étendre les émissions plus appropriées aux besoins de tous.

La loi autorisa des coupures de 200 fr., puis après des études sérieuses les billets de 100, 50, 25, 20 et 5 fr. qui firent leur apparition à la suite de la guerre de 1870. Grâce à ces coupures le billet de banque devint populaire.

L'antipathie de ses débuts, car il rappelait les assignats, disparut et aujourd'hui tout le monde s'en sert.

COMPARAISON DU BILLET DE BANQUE OU MONNAIE DE PAPIER AVEC LE PAPIER MONNAIE

La monnaie de papier ou billet de banque, dans son rôle actuel et avec les garanties qu'il a aujourd'hui, est un signe représentatif de la monnaie comme tous les autres instruments de crédit; il sert aux échanges, garanti par une quantité de numéraire suffisant, permettant le remboursement immédiat; il possède un répondant et celui qui l'accepte pour ses commodités, sait moralement et a la conviction, (puisque cela est) qu'il existe des espèces non en circulation qui servent à l'acquitter.

Le papier monnaie (billet de banque non garanti, ou lorsque la garantie cesse quand le remboursement s'opère trop rapidement) n'est qu'une convention de monnaie. Il n'a aucune valeur. Il n'est accepté du public qu'autant qu'il le veut bien, subordonnant sa valeur à des temps meilleurs. Faites des lois pour le faire accepter, sa valeur diminue en raison de la sévérité de ces lois et de l'émission faite outre mesure. Loin de rendre des services, il expose à des surprises, et l'étranger se garderait bien d'accepter une monnaie susceptible de perte. La valeur de toute chose s'élève et on est tout surpris de voir apparaître les crises financières, trainant à leur suite les faillites et banqueroutes sans fin.

On peut lui appliquer la formule suivante :

La valeur de la somme de papier monnaie en circulation, quelle qu'elle soit, est égale, à la somme inconnue, mais certaine des valeurs monétaires, nécessaires aux besoins de la Société.

Admettons que un milliard de monnaie soit nécessaire en France, pour le service des échanges, en un temps donné, 50 milliards de papier monnaie ne vaudront plus que la 50⁰ partie de la valeur nominale.

FABRICATION & ÉMISSION DES BILLETS DE BANQUE

Le billet de banque ne peut circuler avec garantie et sécurité que lorsqu'il ne laisse prise à aucune imitation. Aussi tous les soins sont-ils apportés à sa fabrication et ce n'est que par les difficultés de plus en plus grandes que l'on déroute les faussaires. Le billet de banque est fait d'après des règles dont on ne s'écarte jamais. Le billet de 100 fr., nouveau type a coûté 3 ans de travail au célèbre peintre PAUL BAUDRY. Avant de les lancer dans la circulation, les billets de banque sont l'objet d'un examen minutieux qui fait rejeter ceux qui auraient quelques défauts.

L'émission comporte actuellement des billets de 5000, 1000, 500, 250, 200, 100 et 50 fr., les autres billets de 25, et 20 et 5 fr. ne se fabriquent plus et sont annulés au fur et à mesure qu'ils rentrent de la circulation.

Les billets reviennent généralement au bout d'un certain temps à leur lieu de départ, et si pendant ce voyage, ils n'ont pas trop souffert, s'ils sont encore en bon état, ils peuvent en faire un second.

Dans d'autre cas, ils ne reviennent pas toutours entiers, ils ont laissé un peu partout des bribes de leur être, ils sont déchirés, froissés, brisés, plus ou moins raccomodés. Ils sont alors soumis à un examen, et lorsque l'absence de fraude a été constatée, ils sont envoyés à l'annulation et à la destruction.

Si le billet de banqne pouvait raconter les aventures de ses voyages, nul doute qu'elles seraient intéressantes.

Mais heureusement il est muet et garde en lui le souvenir des actions dont il a été le témoin. S'il est parfois le prix de nobles services rendus, il devient malheureusement la récompense d'actions lâches et viles, il coudoie le crime, il en est l'appât, il est le prix du sang, et à côté de noble rôle utile qu'il joue, il sert également à commettre les crimes les plus grands. Instrument secret entre les mains qui le possédent, s'il pouvait exprimer sa pensée, il se révolterait du role odieux qu'on lui fait jouer; mais il a aussi l'espérance de sortir de ces mains impures pour avoir la gloire d'être la récompense de bonnes et nobles actions.

Du voyage périlleux que les billets de banque ont entrepris quelques uns assurément sont à jamais perdus, soit par le feu, l'eau, etc. Il ne faudrait pas croire qu'il y a là un bénéfice dont la Banque profite. Cette erreur grossière n'est pas fondée. La Banque sait qu'il existe une quantité de billets évaluée à un chiffre précis, mais elle est obligée d'en attendre tous les jours le remboursement; et en effet il lui en arrive qui ont 30, 40 ans et plus d'existence; ils sont retrouvés dans un vieux meuble, un vieux portefeuille, etc. En cas de liquidation, la Banque en devrait le remboursement à l'Etat, qui posséde en dernier ressort les objets sans propriétaires connus.

RÔLE AVANTAGES ET UTILITÉ DU BILLET DE BANQUE

Le billet de banque puise sa force dans la sécurité, dans le travail, dans la garantie.

Le billet de banque n'est qu'un billet à ordre à échéance quotidienne.

La Banque de France paiera à vue et au porteur la somme en espèces or ou argent qui y est stipulée. Il est sans endossement et s'il ne porte pas de timbre mobile comme les autres effets de commerce, il n'en est pas moins frappé, par convention avec l'Etat.

Ses avantages sont grands. D'abord moins lourd et moins encombrant que l'or et l'argent, il se transporte facilement, et sous un petit volume plusieurs peuvent représenter une forte somme.

Les paiements, grâce au billet de banque sont faits avec rapidité et facilité. Le chèque et le billet de banque sont les bases de la monnaie. Par suite de son emploi, le billet de banque épargne le numéraire, et cette usure de l'or et argent mérite considération, car d'après les études faites, par suite de de la circulation des pièces et sans renouvellement, au bout de 3 siècles, le stock monétaire serait complètement détruit. Puis enfin il est plus facile d'adresser, sur quelque point ou ville de France que ce soit une somme même importante en billets de banque que la même somme en numéraire et cela est moins coûteux.

Enfin un des grands avantages, du billet de banque c'est qu'il augmente de fait le capital d'une nation. En effet sur 2 milliards 1/2 de monnaie métal que possède la Banque de France, il existe 3 milliards de billets; la différence fait constater la puissance du crédit qui permet de faire, avec plus d'économie, beaucoup plus d'affaires commerciales. D'ailleurs cette différence a pour répondant le portefeuille ainsi que les avances faites sur toutes les opérations qui lui ont donné des garanties.

COURS FORCÉ — COURS LÉGAL

Par deux fois le Gouvernement s'est trouvé dans l'obligation de décréter le cours forcé.

En 1848, lors de la Révolution, la loi du 15 Mars fut ainsi stipulée :

ART. 1er. — A partir du jour de la publication du présent décret, les billets de Banque de France seront reçus comme monnaie légale par les Caisses publiques et par les particuliers.

ART. 2. — Jusqu'à nouvel ordre, la Banque est dispensée de l'obligation de rembourser ses billets en espèces.

ART. 3. — En aucun cas le chiffre des émissions de la Banque ne pourra dépasser 350 millions.

Donc en résumé :

1º Obligation pour tous d'accepter le billet de banque en paiement.

2º Non obligation pour la Banque de les rembourser.

C'est le cours forcé.

Lorsque les circonstances le permirent, on rétablit le cours légal par la Loi du 6 Août 1850.

ART. 1er. — Sont abrogés les décrets du 15 Mars 1848, les décrets et les lois postérieures, dans les prescriptions relatives:

1° Au cours légal du billet de banque,

2° Au droit confié à la Banque de ne pas les rembourser en espèces.

3° Au maximun de la circulation.

En 1870, lors de la guerre, après nos revers, la loi du 12 Août 1870, en créant les coupures de 25 fr., rétablit le cours forcé, texte conforme à la loi du 15 Mars 1848 et portant l'émission à 1.800 millions.

La Loi du 14 Août 1870 porta l'émission à 2 milliards 400 millions.

La Loi du 12 Décembre 1870 créa les coupures de 20 et 5 fr.

Enfin l'art. 28 de la loi du 3 Août 1875 est ainsi libellé :

« Lorsque les avances faites à l'Etat par la Banque de France, en vertu des lois des 30 Juin 1871, 15 Août 1874 auront été réduites à 300 millions, l'art. 2 de la loi du 12 Août 1870 sera et demeurera abrogé et les billets de banque seront remboursables en espèces et à présentation ».

Cette condition, remplie le 31 Décembre 1877, le cours forcé cessa à partir du 1er Janvier 1878 après une durée de 7 ans 1/2.

Il faut constater que l'art. 2 seul de la loi du 12 Août 1870 est abrogé; donc l'art. 1 subsiste, et l'obligation pour les caisses publiques et les particuliers d'accepter en paiement les billets de banque, reste en vigueur, c'est ce qui constitue le cours légal.

En résumé : le remboursement des billets de banque par la Banque de France est obligatoire pour elle dans le cas de cours légal, il ne l'est pas dans celui de cours forcé. Mais qui que ce soit est obligé de recevoir des billets de banque en paiement d'une dette quelconque.

Le cours forcé, mesure dangereuse a bien été supporté par la France surtout en 1870. Son crédit bien établi, même à l'Etranger n'a fait subir au billet de banque qu'une faible perte et le billet de banque eut vite fait d'atteindre sa valeur nominale.

BANQUE DE FRANCE

HISTORIQUE

La première Banque que nous avons eue en France, comme banque d'émission, date de 1716. Elle existait en vertu d'un privilège concédé à l'Ecossais LAW. En 1718, on la transforma en une institution publique dont les opérations aussi gigantesques qu'audacieuses aboutirent dès 1720 à la ruine des finances de l'Etat ainsi que de celles d'un grand nombre de familles.

En 1776 on concéda à un sieur BESNARD l'établissement d'une nouvelle banque au capital de 12 millions; mais cette banque, après avoir éprouvé de grands embarras, finit par tomber entre les mains de l'Etat qui en paya les dettes en assignats.

Ce fut le 29 Juin 1796 que l'on créa la Caisse Nationale d'Escompte qui ne prit le nom de Banque de France que le 28 Nivôse an VIII (18 Janvier 1800) au capital de 30 millions divisé en actions de 1.000 fr. chacune. Ce capital fut porté le 14 Avril 1803 (24 Germinal an XI) à 45 millions, puis le 22 Avril 1806 à 90 millions.

En 1808, on s'aperçut que le capital était trop important pour les opérations de la Banque.

Jusqu'en 1807, l'Administration de la Banque s'attache à payer l'intérêt de 6 0/0 prévu par les statuts et pour y parvenir à racheter le nombre d'actions nécessaires afin d'atteindre le dividende légal. Les retraits autorisés par le Gouvernement s'élevèrent à 22.100. Si des 90 mille actions nous retirons 22.100 il reste 67.900 en circulation en 1840.

Disons en passant que les bénéfices même aujourd'hui sont ainsi répartis entre les actionnaires :

1º Intérêt de 6 0/0 sur le prix d'émission.

2º 2/3 des bénéfices acquis.

Le reste est porté à la réserve, et le Conseil Général en ordonne l'emploi.

Les banques départementales créées en même temps que la Banque de France, avec privilège d'émettre des billets remboursables à vue et au porteur lui furent réunies le 2 Mai 1848. Les actions furent réunies aux siennes ce qui porta le nombre à 91.250.

La loi du 9 Juin 1857 double ce dernier chiffre qui s'élève alors à 182.500 actions de 1.000 fr.; chiffre actuel.

Cette même loi du 9 Juin 1857 fixa le prix des actions à 1.100 fr. dont 100 fr. à la réserve.

Le privilège exclusif, d'émettre des billets à vue et remboursables au porteur, concédé à la Banque de France date de 1803 et est donné pour 15 ans avec coupures de 1.000 et 500 fr. seulement.

En 1806 il fut prorogé de 25 ans jusqu'en 1847.

En 1847 prorogé jusqu'en 1867 avec coupures de 200 fr.

Enfin en 1857 prorogé jusqu'au 31 Décembre 1897.

La loi du 15 Mars 1848 autorise les coupures de 100 fr.

»	9 Juin 1857	»	50 »
»	1er Août 1870	»	25 »
»	12 Décembre 1870	»	20 »
»	29 Décembre 1871	»	10 »
»	29 Décembre 1871	»	5 »

Dès l'année 1849, la limite de l'émission des billets fut portée à 255 millions.

Le cours forcé ayant été établi en 1848, la loi du 6 Août 1850 le fit cesser.

En 1870 le cours forcé fut rétabli et l'émission portée à 1 milliard 800 millions.

La loi du 14 Avril 1870 la porte à 2.400 millions, en 1871 à 2.800 millions et en 1872 à 3.500 millions.

Enfin une loi récente a porté le chiffre à 4 milliards.

Depuis le 1er Janvier 1878, le cours légal seul existe (*voir billet de banque*).

Les commencements de la Banque furent des plus pénibles. Sous la pression du Gouvernement, le Conseil Général dut employer son capital à acheter de la rente pour en faire remonter le cours. A quelque temps de là, Napoléon s'empara du reste. Plusieurs faillites vinrent s'ajouter aux embarras de la situation et les billets subirent une dépréciation. Austerlitz la sauva et l'Etat put s'acquitter envers elle. Les garanties des receveurs généraux qu'elle avait en portefeuille, étant toujours renouvelées au lieu de perdre 10 à 12 0/0 purent être payées et revinrent à leur valeur.

En 1814, après les guerres, elle se releva et en 1815 une nouvelle crise vint. Mais elle prit si bien ses précautions qu'elle paya à bureaux ouverts. En 1820, la situation, fort belle, lui permit de donner un dividende de 200 fr. par action.

Les événements de 1848 obligèrent beaucoup d'établissements de crédit à suspendre leurs paiements. Le Gouvernement crut conjurer l'orage qui menaçait la Banque de France en décrétant le cours forcé de ses billets. La loi du 15 Mars 1848 prescrivit la publication hebdomadaire du bilan de la banque. A cette époque lui furent réunies les banques départementales qui devinrent dès lors de simples succursales.

Enfin en 1870, le cours forcé fut rétabli et ne finit que le 31 Décembre 1877.

Malgré la rançon formidable à payer, la Banque de France évita une crise monétaire par l'émission des petites coupures et, en prorogeant les effets de commerce pendant cette période, rendit de grands services.

Les mauvaises années passées, la Banque de France reconstitua rapidement son encaisse grâce aux précautions prises et de 550 millions qu'il était en 1871, il atteignit 2 milliards 200 millions en 1877 ce qui lui permit de reprendre ses paiements en espèces.

ADMINISTRATION

L'Administration de la Banque de France est ainsi composée :

Gouverneur
2 Sous-Gouverneurs } nommés par l'Etat

15 Régents chargés d'administrer, dont 5 manufacturiers ou

commerçants et 3 Receveurs Généraux renouvelables tous les 5 ans et par 1/5. 3 Censeurs, tous négociants, renouvelables tous les 3 ans par 1/3 et chargés de surveiller.

Les Régents et Censeurs sont rééligibles.

L'Assemblée Générale réunie une fois par an se compose de 200 Actionnaires Français possesseurs depuis plus de 6 mois des plus grand nombre d'actions.

Les Actionnaires n'ont qu'une voix.

Les Membres du Conseil n'ont pas d'honoraires; ils touchent seulement des jetons de présence. Ils sont répartis en 7 comités.

Comité d'Escompte.

- » Billets.
- » Livres et Portefeuille.
- » Caisse
- » Relations extérieures avec le Trésor et ses Agents.
- » Succursales.
- » Vérification de la Serre des Dépôts et des Titres.

Il existe en outre un Comité d'Escompte choisi par les Censeurs parmi les Négociants et chargés de l'examen du papier soumis à l'Escompte.

La loi du 9 Juin 1857 autorise la Banque à élever au-dessus de 6 0/0 le taux de l'escompte lorsque les circonstances l'y obligent.

Le plus haut a été de 9 0/0 en 1857, le plus bas a été de 2 1/2 en 1888 le même actuellement en 1894.

La loi du 3 Mars 1852 oblige la Banque à donner sa situation hebdomadaire.

Les droits de timbre sur les billets de banque et sur les billets à ordre qu'elle délivre sont perçus sur la moyenne de la circulation pendant l'année. Ces droits sont fixés par la loi du 30 Juin 1840.

OPÉRATIONS

Les opérations de la Banque de France sont de 2 sortes :

1º Opérations pour ses comptes-courants seulement.

2º Opérations pour le public.

Opérations pour les Comptes-Courants

Il existe 4 sortes de comptes-courants avec la Banque :

1º Compte-Courant simple.
2º   »   avec faculté d'escompte.
3º   »   d'avances.
4º   »   extérieur.

La solde du disponible des comptes-courants réunis de Paris, Succursales et Trésor public était au 25 Janvier 1894 de 568.300.000 fr.

Le nombre des comptes-courants de Paris et Succursales était de 16.514 se décomposant ainsi:

5.547 comptes-courants simples
5.141   »   avec faculté d'escompte
4.826   »   d'avances

15.514   Total

Sur ce nombre 1515 sont compris les comptes-courants extérieurs en correspondance par la Poste avec la Banque.

1ᵉ *Compte-courant simple.* — Le compte-courant simple permet à toute personne qui en fait la demande d'après une formule spéciale signée de 2 personnes ayant déjà compte courant à la Banque, de déposer et de retirer gratuitement au moyen de chèques les sommes versées.

Le compte-courant n'est pas compte-courant d'intérêts. La Banque n'en donne aucun et n'en reçoit pas du titulaire.

Les faillis ne peuvent avoir de compte-courant.

Le compte-couant peut obtenir des virements au profit de personnes ayant compte-courant à Paris ou dans les succursales, prendre domicile à la Banque pour le paiement des billets ou acceptation ; se faire créditer des bons de virements provenant de Paris ou des succursales, du montant des arrérages d'avances sur titres, coupons de titres déposés, etc.

Au moyen de chèques indirects à ordre ou au porteur, il peut disposer, au profit d'un tiers, d'une somme quelconque payable dans une autre ville dotée d'une succursale ou Bureau Auxiliaire et moyennant une commission de 0.50 par 1.000 fr. avec minimum de 0.50.

Ces chèques avant d'être adressés aux bénéficiaires ou correspondants doivent être visés et contrôlés à la ville où le compte-courant a son compte afin qu'il puisse être constaté s'il existe une provision donnant droit à l'opération qui est faite (*Voir: Billets à ordre, pages suivantes*).

Enfin les Comptes-courants simples peuvent remettre des effets au comptant, c'est-à-dire des effets de toutes sortes n'ayant pas plus de 5 jours à courir moyennant une commission de 0.10 par effet de 400 fr. et au-dessous, de 0.25 par 1.000 fr., pour les effets de 400 à 4000 fr. et de 1 fr. pour les effets supérieurs à cette somme.

Les comptes-courants ne sont crédités du net de ces effets remis à l'encaissement que le surlendemain de l'échéance.

Ces effets doivent être acquittés par le compte-courant au moment de la remise de ses bordereaux.

En 1893, le nombre des effets remis au comptant soit par les comptes-courants simples, ou avec faculté d'escompte, s'élevait:

Paris	1.313.895	pour	562.366.000
Succ.	292.126	»	51.787.600
Total	1.606.021		614.153.600

Les commissions perçues se sont élevées à :

Paris	143.907,57
Succursales	31.379,70
Total	175.287,27

2° *Compte-courant avec faculté d'escompte*

Le Compte-courant avec faculté d'escompte a les mêmes avantages que le compte-courant simple, et a en plus le droit de remettre des bordereaux d'effets à l'escompte.

Les effets présentés doivent avoir au moins 3 signatures.

La loi du 13 Janvier 1869 permet d'escompter des effets de commerce avec 2 signatures, s'il est fait au nom de la Banque un transfert d'actions de la Banque ou de titres publics admis aux avances sur titres.

D'après ses Statuts, la Banque escompte des lettres de change, billets à ordre, warrants ou autres effets de commerce dont l'échéance n'excède pas 3 mois, souscrits par des négociants ou autres personnes notoirement solvables.

Le Conseil a le droit de rejeter tout effet dont le paiement lui paraît douteux soit pour une cause, soit pour une autre sans donner aucune explication.

La Banque prend des renseignements, sur les personnes, pour elle-même et n'en donne aucun.

Il est remis aux Comptes-courants des formules spéciales sur lesquelles ils présentent les effets à l'escompte. Ils doivent en suivre rigoureusement les indications stipulées et présenter leurs bordereaux tout préparés. La Banque possédant une place centrale, des succursales, des bureaux auxiliaires, des Villes rattachées: une formule spéciale est nécessaire pour la présentation des effets sur ces diverses catégories.

D'autres formules différentes sont encore nécessaires pour les effets à 2 signatures.

La Banque accepte à l'escompte les effets sans frais, mais avec garantie de valeurs, comme pour les effets à 2 signatures.

MINIMUM

Montant des effets sur	Paris	Succ.	Bureaux A.	Villes R.
	5,05	30, »	30, »	30, »
Intérêt perçu par effet	0,10	0,10	0,10	0,10
Jours à courir	5	5	8	8

L'intérêt minimum d'un bordereau est de 0.25.

Les effets sur les villes rattachées ne peuvent être admis à l'escompte qu'aux échéances de 5, 10, 15, 20, 25 et fin de mois.

Les bordereaux présentés le matin à l'escompte sont examinés par le Conseil et nul n'est accepté s'il n'a reçu le visa et l'approbation du Gouverneur.

Les bordereaux sont signés par le Compte-courant ou par une personne ayant sa procuration notariée dont les signatures sont apposées sur registres spéciaux de la Banque.

Les effets présentés doivent être réguliers, c'est-à-dire avoir toutes les indications exigées par la loi, la Banque dégageant toute responsabilité.

La déduction des intérêts du montant des bordereaux étant faite, le compte-courant peut disposer et retirer le solde ou partie du solde au moyen de chèques.

Il existe actuellement :

1 Banque Centrale.
94 Succursales.
38 Bureaux Auxiliaires.
21 Places réunies à un de ces établissements.
105 Villes Rattachées.

—————

259 Places bancables

En 1893 il a été présenté à l'escompte 13.425.904 effets pour 8.886.868.300 fr. ; il a été admis 13.353.912 effets pour 8.836.977.400 fr., soit 71.992 effets rejetés pour 49.890.900 fr.

A Paris, il faut constater 2.125.477 effets inférieurs à 101 fr. soit 36,20 0/0 des effets admis. Ce chiffre qui était seulement de 1.581.515 en 1884 ne fait que progresser et montre ainsi les services rendus au petit commerce.

La Banque se réserve le droit de présenter chez les comptes-courants et d'en toucher le montant, des effets en remboursement quoique l'échéance ne soit pas arrivée, et ceux dont le paiement est devenu douteux par suite de liquidation, faillite ou encore irrégularité de forme.

Dans tous les cas, elle tient compte de l'intérêt depuis le jour du remboursement jusqu'à l'échéance.

Pour les effets réclamés par les comptes-courants eux-mêmes elle ne rend pas d'intérêt.

Le taux de l'escompte est réglé par le Conseil Général suivant les lois économiques qui le font hausser ou baisser. Il est depuis le 19 Mai 1892 à 2 1/2.

Les Banques Européennes ont eu de nombreuses variations dans le taux de l'escompte.

Elles ont été en 1893 de :

3 en Allemagne.
12 en Angleterre.
1 en Autriche.
1 en Belgique.
6 en Hollande.
1 en Italie
5 en Russie.

Le taux moyen de l'escompte en Europe en 1893 s'est élevé à :

2,50 en France.
3,05 à Londres.
2,83 à Bruxelles.
4,08 à Berlin.
4,24 à Vienne.
4,70 à Saint-Pétersbourg.
5,18 à Rome.

3° *Compte-Courant d'avances*

La Banque ouvre des Comptes-courants d'avances aux personnes qui lui ont remis en nantissement des titres admis aux avances simples.

Le crédit ouvert ne peut excéder 3 millions.

Le compte-courant fait usage au moyen de chèques directs ou indirects et, sans frais, du crédit ouvert. Il est crédité des arrérages des valeurs déposées. L'intérêt perçu, ainsi que celui des avances simples est actuellement de 3 1/2 0/0.

Pour 1893, les comptes-courants d'avances figurent à Paris et Succursales pour 627.597.500 fr.

Le compte-courant d'avance peut être soldé, soit par à-compte, soit en totalité. Si le compte n'a pas *joué* pendant un certain temps, il est frappé d'un droit de garde semblable à celui des dépôts sur titres.

4° *Comptes-courants extérieurs*

Ces comptes-courants permettent les mêmes opérations que les précédents mais ne servent que dans les Succursales ou Bureaux Auxiliaires pour les personnes étrangères à la localité où elles ont le compte-courant et qui font par la poste toutes les opérations. Tous les envois de bordereaux sont aux risques des titulaires ; les sommes adressées sont couvertes par une assurance de 0.10 par 1.000 fr.

OPÉRATIONS POUR LE PUBLIC

AVANCES SUR TITRES

La Banque de France fait actuellement au taux de 3 1/2 0/0 par an, sans commission, des avances sur titres dans les proportions suivantes :

80 0/0 sur les rentes françaises, bons et obligations du Trésor.

75 0/0 sur actions, obligations de certains chemins de fer de France et Colonies, Ville de Paris et Crédit Foncier.

60 0/0 sur actions de jouissance des chemins de fer.

Les prêts se font sur le cours de la Bourse de la veille de l'opération faite.

La Banque ne prête pas sur ses actions, elle les admet seulement en garantie pour les opérations d'escompte.

Le prêt minimum sur avances sur titres est de 250 fr. pour 90 jours; ce délai peut être prolongé.

Les avances faites peuvent être remboursées par anticipation avec minimum de 15 jours d'intérêts.

Les arrérages sont payés sans frais aux emprunteurs.

Les titres doivent être au porteur et, pour les titres nomi natifs, transférés au nom de la Banque. Celle-ci se charge, sur demande, de la vente des titres à la Bourse avec demande de remploi si le désir en est exprimé.

Le montant des avances simples et en compte-courant s'est élevé en 1893 à 807.118.000 fr.

Billets à ordre. — La Banque délivre au public des billets à ordre payables à vue et au porteur à Paris, dans les Succursales, Bureaux Auxiliaires, des billets à ordre pouvant se transmettre par voie d'endossement. Ils sont frappés d'une Commission de 0.50 par 1000 fr., et minimum 0.50, et minimum comme somme 50 fr.

Récépissés à vue. — La Banque délivre gratuitement des sommes versées à sa caisse.

Paris minimum 4000 fr.

Succursales　　　» 　　2000 fr.

sans intérêts, pouvant être retirés par les déposants eux-mêmes ou par une personne ayant une procuration spéciale.

Ces récépissés (sommes versées ou objets précieux d'or et d'argent, diamants) doivent exprimer : la nature et la valeur des objets déposés, nom et adresse du déposant, date où le dépôt a été fait et doit être retiré, numéro du registre d'inscription.

Les récépissés ne sont pas à ordre.

La Banque fait également des avances sur lingots d'or et d'argent, sur les monnaies étrangères au taux de 1 0/0 minimum 10.000 fr.

Dépôts de titres. — Moyennant un droit de garde de 0,20 par titre et par nature de titre (minimum 1 fr.) et de 0,10 par 25 fr. de rente ou fraction de rente et par an, la Banque reçoit en dépôt toutes sortes de titres.

Elle se charge de l'encaissement gratuit des coupons ; ces coupons payables à sa caisse le surlendemain de l'échéance.

Elle rend les titres sur la demande des déposants.

Les dépôts s'élevaient au 26 Décembre 1893 à 6.057.956 titres pour 4.242 millions.

Ces titres de 2.125 natures différentes appartiennent à 41.362 déposants.

Au 26 Décembre 1893, le dépôt du syndicat des agents de change se soldait par 45.632 dépôts pour les 396.761 titres évalués à 773.113.000 fr.

Les titres remis en garantie d'avances, escompte etc., donnent 663.850 titres évalués à 519.890.000 fr.

Les arrérages encaissés s'élevant à 122.355.200 fr. pour 10.496.107 coupons plus 2.790.221 coupons rendus aux déposants sur leur demande.

Le montant des droits de garde et commissions pour diverses opérations s'est élevé en 1893 pour Paris et les 3 Succursales qui ont des caisses de dépôt à 1.509.738 fr. 47 dont 1.278.121 fr. 69 pour Paris.

La Banque ne reçoit les titres en dépôt qu'à Paris, Lyon, Marseille, Bordeaux et actuellement à Lille.

Comptes de dépôts de fonds. — A partir du 1er Février 1895, la Banque de France ouvrira des Comptes de dépôts de fonds, sans intérêts, à Paris, dans les Succursales et dans les Bureaux Auxiliaires.

Les formalités exigées pour l'ouverture des autres comptes de diverses catégories actuellement en usage à la Banque sont supprimées. Les nouveaux compte de dépôts n'exigent qu'une simple demande déposée à la caisse principale et un versement minimum de 500 fr.

STATISTIQUE

CONCERNANT LES OPÉRATIONS DE LA BANQUE DE FRANCE

MASSE DES OPÉRATIONS

Les opérations pour 1893 se sont élevées au chiffre de 12.893.306.400 fr.

Sur 1892

	Augmentation	Diminution
Escompte, Bons du Trésor	+ 506.474.700	
Effets au comptant		— 51.694.300
Avances sur titres et en comptes-courants	+ 55.682.300	
Avances sur lingots		— 53.237.400
Billets à ordre, Virements Chèques sur Paris et Succ.		— 14.879.900
Opérations sur matières or et argent	+ 36.713.900	
Encaissement, arrérages de titres, chemins de fer	+ 445.500	
Totaux	+ 599.316.400.	— 119.811.600

Il faut remarquer que ce chiffre de 12 milliards 893 millions ne représente que les opérations productives.

Les opérations de virements de comptes-courants faites gratuitement s'élèvent à 37 milliards 340 millions.

De même pour le Trésor dont les opérations donnent le chiffre de 7 milliards 430.640.200 fr.

CAISSE

Au 31 Décembre 1893 l'encaisse métallique se décomposait ainsi :

$$\left.\begin{array}{ll}\text{Or} & 1.702.5 \\ \text{Argent} & 1.261.3\end{array}\right\} \text{Total} \left\{ 2.963.8 \right.$$

Les billets de banque au 25 Janvier 1894 en circulation donnent le chiffre de :

3.564.770.655 francs

se décomposant ainsi :

5	billets de	5.000	25.000
1.260.866	»	1.000	1.260.866.000
512.179	»	500	256.089.500
2.384	»	200	476.800
17.023.403	»	100	1.702.340.300
6.835.532	»	50	341.776.600
16.982	»	25	424.550
80.707	»	20	1.614.140
145.518	»	5	727.590
1.215	aux anciens typ»		430.175
Total 25.878.791	pour		3.564.770.655

ÉMISSION DE BILLETS

Il a été émis en 1893, 9.600.000 billets divers pour 1.572.500.000.

SAVOIR :

725.000	billets de	1.000	725.000.000
275.000	»	500	137.500.000
5.600.000	»	100	560.000.000
3.000.000	»	50	150.000.000
Total 9.600.000	pour		1.572.500.000

Il a été détruit 9.733.968 billets pour 943.155.550 fr.

dont : 9.129.143 de 100 912.914.300

604.825 50 30.241.250

Total 9.733.968 pour 943.155.550

Billets retirés de la circulation : 7.240.428 billets.

L'ensemble des mouvements des espèces, billets et virements a été en 1893 de 53.322.120.400.

Virements 37.340.328.900

Billets 14.647.214.300

Espèces 1.334.577.200

Total 53.322.120.400

En 1893, les billets à ordre, virements, chèques délivrés pour Paris et Succursales s'élèvent à 2.476.954.700

Les chèques entrent pour un chiffre de 1.006.880.000.

Les commissions perçues ne donnent que 126.745 fr. 05 soit alors une somme de 2.224.933.000 fr. déplacés gratuitement ou 90 0/0 du chiffre total.

SERVICE DES RECETTES A PARIS

Le nombre des effets encaissés s'est élevé en 1893 à 4.999.617 pour 4.293.772.374 fr.

Il y a eu 2.508.343 domiciles pendant l'année sur encaissement ou pour acceptation.

EFFETS EN SOUFFRANCE

Le solde des effets en souffrance à Paris est de 1.427.421 fr. 67 ; Succursales : 1.293.581 fr. 37, dont la plupart sont des créances certaines.

Pendant l'année il a été encaissé 98.553.42 fr. d'effets en souffrance amortis.

SUCCURSALES

Les opérations des Succursales se sont élevées en 1893 à 6.685.015.700 fr.

dont Lyon	700.543.100
Bordeaux	545.869.100
Marseille	521.305.600
Lille	493.716.000
Le Hâvre	475.514.600

16 Succursales sont en perte en 1893 pour 164.872 fr.

DÉPENSES

Les dépenses se sont élevées :

à Paris	6.822.500
Succursales	6.461.900
Transports d'espèces, Contributions, Impôts	3.254.478,70

Transports d'Espèces   141.980.47
Impôts   2.531.943.40

Total   16.538.878,70

DIVIDENDE

Le dividende pour 1893 a été de	129.166
Impôt payé	5.166

Net   124

Il existe 28.290 actionnaires pour 182.500 actions.

A Paris   96.879 actions possédées par 10.773 actionnaires

Succ^{les}   85.621   »   »   17.517   »

Total   182.500   Total   28.290

Le cours est aux environs de 4.000.

AVANCES A L'ÉTAT

Les avances à l'État sont restées au chiffre de 140 millions.

60 par la loi du 10 Juin 1857

80   »   des 13 Juin 1878, 30 Mars 1888 et 25 Février 1893.

PERSONNEL

Au 31 Décembre 1893 il y avait :

1073 employés pour la Banque Centrale

1251   »   les Succursales.

Total   2324

CAISSE DE RÉSERVE DES EMPLOYÉS

Moyennant une retenue de 2 0/0 au 31 Décembre 1893,
la Caisse de réserve possédait :

225 Actions de la Banque

609.750 fr. rente 3 0/0 amortissable
22.000 »   »   3 0/0 perpétuelle
13.050 »   »   4 1/2
3.603 obligations diverses, chemins de fer français.

TABLEAU GÉNÉRAL DES OPÉRATIONS POUR 1893

	SOMMES		PRODUIT
Escompte : Effets de commerce	8.836.977.400ᶠ		15.094.127ᶠ59
Bons du Trésor	85.266.700		175.287,27
Effets au comptant	614.153.600		
Avances sur titres	179.620.500		10.643.999,66
» en Comptes-Courants	627.497.500		
» lingots	18.282.500		142.860,75
Billets à ordre, Virements, Chèques	2.476.954.700		126.745,05
Opérations sur matières d'or et argent	48.882.200	Primes sur or	321.108,53
Arrérages des titres des chemins de fer	5.671.300	et argent	
Droits de garde divers, échange de titres, com^ons s/ vers^ts			1.525.482,87
Commissions sur colis de métaux précieux			1.132,90
Excédent de bénéfice non réparti			207.406,11
Excédent disponible sur crédits précédents exercices			200.041,12
Recouvrement effets en souffrance			98.553,42
Intérêts de retard sur effets protestés, bénéfices divers			132.148,05
Intérêts sur avances au Trésor public			243.278,60
Rentes appartenant à la Banque			10.514.893,55
TOTAUX	12.893.306.400		39.427.065,47

DÉPENSES D'ADMINISTRATION

Contributions directes	554.652ᶠ
Impôt de 4 0/0 sur le dividende	942.916,70
» timbre sur la circulation	964.726,70
» actions et timbres divers	69.648
Frais de transport espèces et billets	141.980,47
Dépenses d'administration proprement dites	13.731.662
Différence entre les crédits inscrits au budget et les dépenses effectuées ou restant à payer	133.292,83
TOTAL	16.538.878,70
à déduire : impôt de 4 0/0 compris dans le chiffre du dividende	942.916,70
	15.595.962
Réescompte de Paris et Succursales	1.941.078,67
Dividende brut de 182.500 actions à 129.166 par action	23.572.916,70
Excédent de bénéfice non réparti	130.443,89
TOTAUX	41.240.401,26

MOUVEMENT DES ACTIONS
TRANSFERTS OPÉRÉS DEPUIS 1883

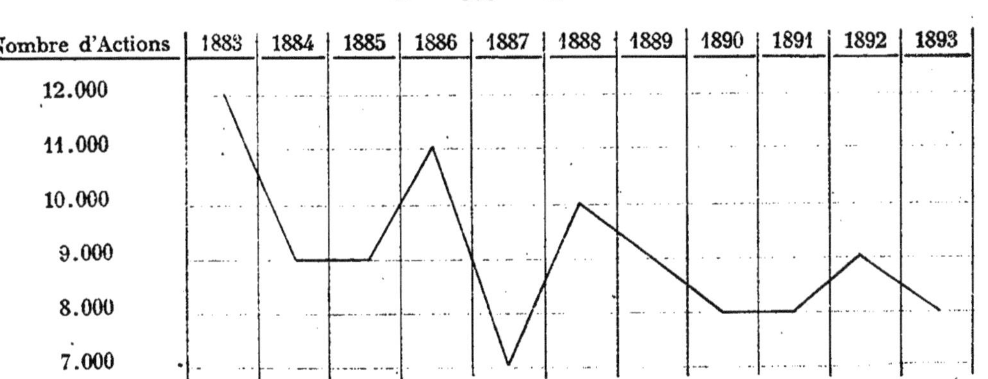

Ce qui démontre qu'au bout d'un peu moins de 20 ans, les 182.500 actions ont changé de possesseurs.

SOMMES DES ESCOMPTES: PARIS ET SUCCURSALES 1893

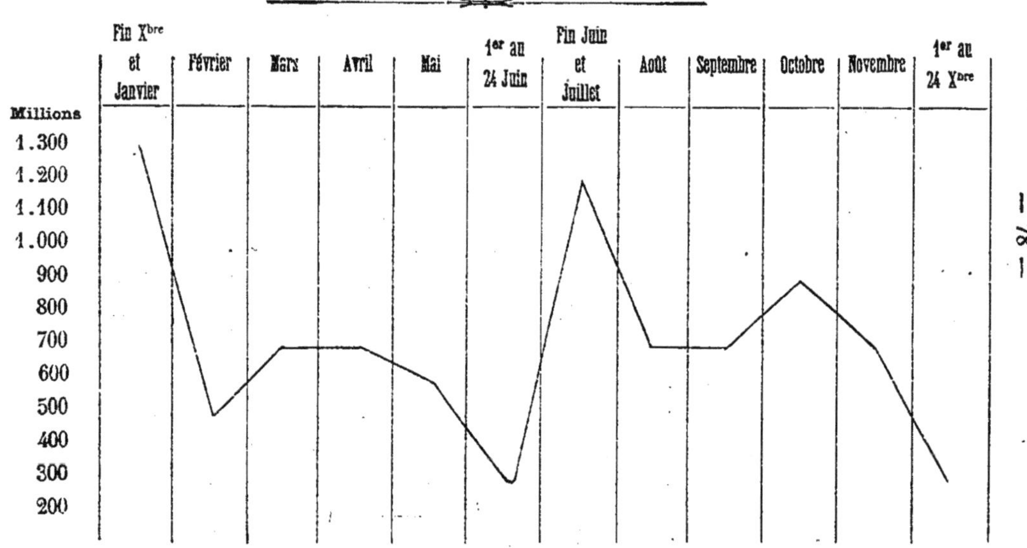

PRODUIT DES ESCOMPTES: PARIS ET SUCCURSALES 1893

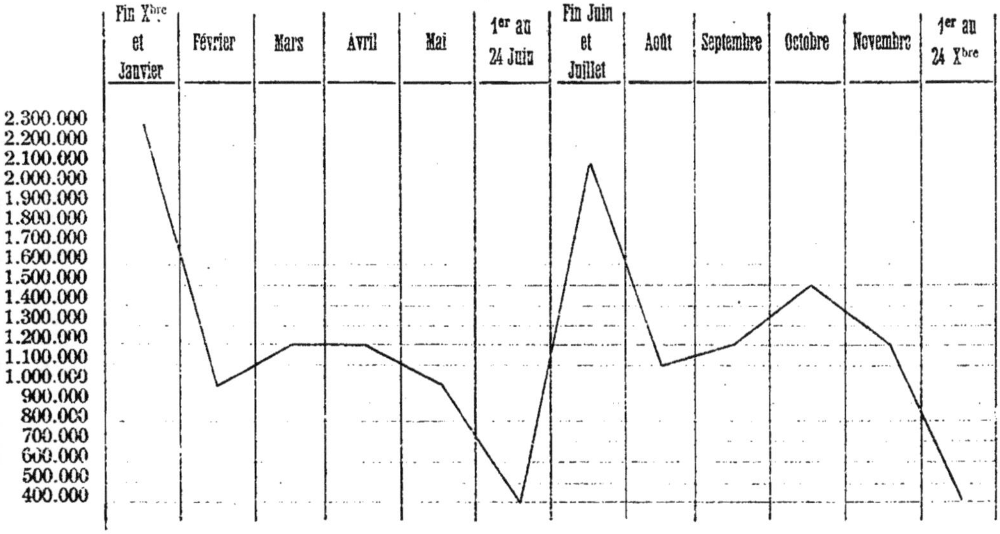

BILAN de la Banque et ses Succursales au 2 Août 1894 (Matin) BILAN

ACTIF

Encaisse de la Banque	3.134.579.082,70
Effets échus à recevoir ce jour	289.256,43
Portefeuille de Paris { Effets sur Paris 170.168.522,74 / » sur l'Étranger » / Bons du Trésor » }	170.168.522,74
Portefeuille des Succursales	341.055.332
Avances sur lingots et monnaies à Paris	2.745.000
» » ». dans les Succ^{les}	5.457.100
Avances sur titres à Paris	122.139.247,37
» dans les Succursales	164.464.983
Avances à l'État (*conventions des 10 Juin 1857, 29 Mars 1878. Loi du 26 Juillet 1893*)	140.000.000
Rentes de la réserve { Loi du 17 Mai 1834 (*a*)	10.000.000
Ex-Banques dép^{les} (*b*)	2.980.750,14
Rentes disponibles	99.627.756,61
Rentes immobilières (*Loi du 9 Juin 1857*) compris les 9.125.000 fr. de la réserve (*c*)	100.000.000
Hôtel et mobilier de la Banque (*d*)	4.000.000
Immeubles des Succursales	14.686.482,68
Dépenses d'Ad^{ion} de la Banque et Succ^{les}	2.170.930,64
Emploi de la réserve spéciale	8.407.444,16
Divers	95.783.767,29
Total	**4.418.555.655,76**

PASSIF.

Capital de la Banque		182.500.000
Bénéfices en addition au capital (*art. 8, loi 9 Juin 1857*)		8.002.313,54
Réserves mobilisées :		
Loi du 17 Mai 1834	(*a*)	10.000.000
Ex-Banques départementales	(*b*)	2.980.750,14
Loi du 9 Juin 1857	(*c*)	9.125.000
Réserve immobilière de la Banque	(*d*)	4.000.000
Réserve spéciale	(*e*)	8.407.444,16
Billets au porteur en circulation (*Banque et Succursales*)		3.450.416.355
Arrérages de valeurs transférées et déposées		14.577.472,07
Billets à ordre et récépissés payables à Paris et Succursales		37.299.365,77
Comptes-Courants du Trésor, créditeur		179.693.138,71
Comptes-Courants de Paris		382.669.500,50
» dans les Succursales		80.403.412
Dividendes à payer		4.140.636,25
Escompte et Intérêts divers à Paris et Succursales		2.135.505,24
Réescompte du dernier semestre à Paris et Succursales		897.050
Divers		41.307.712,38
Total		**4.418.555.655,76**

ENCAISSE AU 2 AOUT 1894

Or	1.864.095.932,20
Argent	1.270.483.150,50
	3.134.579.082.70
Escompte	2 1/2 0/0
Avances sur Lingot	1 0/0
Avances sur Titres	3 1/2 0/0

Par décision du Conseil Général en date du 14 Mars 1895, le taux de l'Escompte a été abaissé à 2 0/0 et celui des avances sur titres à 3 0/0.

PROJET DE LOI

RELATIF AU RENOUVELLEMENT DES PRIVILÈGES DE LA BANQUE

Le projet de loi relatif au renouvellement du privilège de la Banque, mis en discusion à la Chambre des Députés en Juin 1892, contient des modifications importantes.

Dans l'intérêt de l'État.

1º Opération du Trésor dans les Bureaux Auxiliaires connue comme dans les Succursales.

2º Acceptation des Traites du Trésor sur les villes rattachées.

3º Payement gratuit des arrérages de rente.

4º Émission gratuite des rentes et valeurs du Trésor.

5 Redevance de 2 millions de 1892 à 1897 et de 2 millions 500 de 1898 à 1920.

6º Abandon des intérêts pour les avances faites au Trésor.

Dans l'intérêt du Public :

1º Admission à l'escompte des Associations Syndicales Agricoles et autres notoirement solvables.

2º Création de 18 nouvelles Succursales, ce qui en portera le nombre de 94 à 112.

En outre il sera créé une Succursale dans chacun des chefs-lieux de département qui n'en possèdent pas.

3º Les Bureaux Auxiliaires non transformés en Succursales seront maintenus; il en sera créé 30 nouveaux. Ces établissements devront fonctionner dans le délai maximum de 2 ans à dater de la promulgation de la loi.

4º Création de 60 Villes Rattachées nouvelles.

5º Escompte des Effets tous les jours ouvrables dans les Succursales.

6º Encaissement des Effets à toutes les échéances dans les Villes Rattachées.

7º Commission sur les virements abaissée à 0 fr. 25 pour 1000 fr.

8º Effets minimum de 5 et 10 fr. admis à l'escompte sur Paris et la province.

9º Création de 16 dépôts de titres.

10º Dépôts de titres, admis comme 3 signatures jusqu'à concurrence du double de leur valeur en maximum.

11º Extension de la liste des valeurs admises aux avances.

12º Accumulation des arrérages de rentes au profit des déposants qui en feront la demande.

13º Abandon au Trésor public de 7 millions de billets périmés. Le Trésor prenant à sa charge le remboursement desdits billets.

L'Étude sur la Banque de France est terminée.

Malgré les critiques très-vives dont-elle a été l'objet, il est facile de démontrer par ses opérations, par les résultats acquis ce qu'il reste peu de ces attaques.

Nous laissons à nos lecteurs le soin de lire avec impartialité les discours qui ont été prononcés à la Chambre en Juin 1892, lors de la discussion de son privilège. Toutes les questions y ont été traitées et nous sommes certain que nos lecteurs en tireront eux-mêmes la conclusion.

RÉESCOMPTE

Le Réescompte est une opération qui consiste à faire une deuxième fois l'escompte d'un effet de commerce. Pour bien faire comprendre cette opération, supposons un commerçant ayant des effets en portefeuille ; il les escompte chez son banquier, et ce dernier, ayant épuisé ses capitaux disponibles, se voit dans l'obligation, pour donner de nouveaux débouchés au crédit qu'il fait à ses clients, d'escompter à nouveau les effets, qui lui ont été remis, à une banque ou maison qui peut se trouver dans le cas contraire, c'est-à-dire ayant des sommes disponibles pendant un certain temps. Cette maison réescompte donc les effets du banquier.

La Banque de France ne fait pas l'escompte des effets, mais bien le réescompte à des maisons de banque, et l'escompte simple aux commerçants, industriels, etc., qui ont un compte chez elle ; mais comme les effets présentés par ces derniers n'ont, dans beaucoup de cas, que deux signatures, elle exige, comme garantie, un dépôt de titres que ses Statuts lui imposent.

Il n'y a donc réellement réescompte que pour les banquiers qui lui escomptent les effets remis à eux directement par leurs clients ou correspondants.

Le réescompte, ainsi présenté, n'est qu'une forme variée de l'escompte. Mais, dans les établissements privés, dans les grandes industries, banques de crédit, grandes compagnies, etc., le réescompte se fait voir d'une autre façon et devient même une nouvelle source de bénéfices pour les établissements qui le pratiquent. Il faut, de plus, un certain chiffre pour obtenir un résultat sensible.

Des courtiers cherchent journellement à acheter du papier de commerce ou lettres de change de premier ordre aux conditions les plus basses ou à vendre le plus cher possible. Il est bien entendu que dans ce cas le taux de l'escompte est généralement au-dessous de celui de la Banque de France, les variations subissent la loi de l'offre et de la demande. — *Exemple :* Une grande industrie quelconque, une grande compagnie, une grande banque a à sa disposition une certaine somme pendant une certaine époque. Au lieu de garder cet argent dans ses caisses inutilement, elle cherche à acheter des traites bancables, de toute sécurité, à un taux inférieur à celui de la Banque de France. Le taux étant actuellement de 2 1/2, elle cherchera à acheter à 2 1/3, 2 1/4, 2 1/5, etc.. suivant les offres faites. L'escompte perçu sera l'intérêt de l'argent en caisse qui n'aurait rien rapporté sans cette opération. La maison garde ces effets en portefeuille et les escompte à la Banque de France cinq jours avant l'échéance, elle bénéficie de l'intérêt depuis le jour de l'opération jusqu'à celui de la remise à l'escompte à la Banque.

En répétant l'opération un certain nombre de fois, dans une année, on arrive à un résultat fort appréciable.

Cette opération, quoi qu'on dise, est une variation de crédit.

Examinons les résultats :

La maison qui a, par le fait, prêté ses capitaux pendant un certain temps, a fait ce que l'on peut appeler une opération à terme, opération qui se fait journellement dans le commerce et sur les marchandises. Dans notre cas, au lieu de marchandises, ce sont des espèces qui ont été en jeu, ce qui est exactement la même chose, Résultat identique. On a fait mouvoir et fructifier une certaine quantité d'argent. Or, si l'opération ne s'était pas faite, les espèces auraient attendu pendant deux ou trois mois, suivant les besoins dans les caisses et sans aucun rapport, pour avoir leur placement. Qu'auraient-elles rapporté ? Rien. Mais, si elles sont prêtées à un taux solvable, à un taux minime, ces espèces reviendront accrues d'un bénéfice. Bien plus, celui qui en aura profité sur le moment, pourra étendre ses opérations, avoir de meilleures conditions dans ses affaires, en un mot étendre son crédit. Il paiera un intérêt, cela est vrai, mais bien inférieur à celui qu'il aurait dû payer, s'il était obligé d'avoir recours à un emprunt et sous certaines conditions. Il n'aura lésé personne, au contraire, grâce à cette extension de son crédit, par des capitaux supposés, il pourra payer immédiatement ses entrepreneurs au comptant, ce qui lui permettra d'avoir des travaux à un rabais plus grand et rendra service à tous; l'opération est fructueuse à tous les points de vue.

Le réescompte est donc une opération utile, ,rendant des services, et l'on peut constater, une fois de plus, cet admirable enchaînement d'affaires que l'on peut appeler les harmonies économiques.

RELATIONS DU COMMERCE AVEC LA BANQUE

Le banquier, comme nous l'avons vu dans tout ce qui précède, est l'intermédiaire entre le producteur et le consommateur, pour le recouvrement des créances et le prêt des capitaux nécessaires au développement du commerce et de l'industrie.

A notre époque, par suite du développement des affaires et par le progrès, il est utile de rechercher les moyens propres à aider le producteur tout en lui faisant payer, le moins cher possible, les services rendus par l'intermédiaire, d'où profit pour le consommateur.

En effet, lorsque l'on étudie de près les affaires commerciales, on est frappé des difficultés trop grandes qui nuisent à leur développement et qui les mettent parfois dans de grands embarras.

Supposons un industriel quelconque vivant de son travail. Ce travail, au lieu de lui être payé en espèces, est soldé par des billets à échéance plus ou moins éloignée, soit 500 francs à soixante jours. Le client est solvable, mais, jouissant des des usages, à moins de conventions contraires, il se sert de ce mode de paiement. Le vendeur, logiquement, ne peut lui refuser, car son concurrent ou une maison plus forte ferait l'affaire. Le marché est terminé, le billet est valable, les signatures sont bonnes, admettons-le. Si l'industriel a les moyens d'attendre l'échéance, l'opération ne lui sera pas beaucoup préjudiciable ; admettons aussi, car lui a à payer soit ses ouvriers, soit ses fournisseurs, qui ont fait traite sur lui, qu'il soit obligé de réaliser sa créance, le voilà à la recherche d'un banquier, car il ne fait ou ne reçoit que par hasard des effets de commerce ou trop peu pour suivre un compte chez une maison de banque qui voudra bien lui en ouvrir un, et, sauf quelques grandes maisons, qui se soucient peu de faire de petites affaires, il sera obligé d'aller dans une maison d'ordre inférieur présenter à l'escompte son papier. Ce banquier, après renseignements, fera l'opération. Pour un effet de 500 francs à soixante jours, celui-ci prendra environ 15 francs, ce qui fait du 24 0/0 l'an, si l'effet était à trente jours, ce serait du 36 0/0, à quatre-vingt-dix jours même intérêt, sinon plus fort, de 12 0/0.

Le taux de la Banque de France est à 2 1/2 0/0 l'an, et le prix de l'escompte serait de 2 fr. 05, d'où une différence énorme.

Remarquons aussi, car il faut tenir compte de toutes les observations, que le banquier, tout en ne prenant que 15 francs pour un effet de 500 francs, risque pendant le temps à écouler jusqu'à l'échéance de perdre les 500 francs. Quel est le commerçant qui, en livrant 500 francs de marchandises payables à une certaine époque, ne gagne que 15 francs ?

Et le petit industriel, n'ayant pas de ressources suffisantes, s'il a besoin d'argent, est obligé de perdre ainsi une partie de son bénéfice.

Il arrive parfois aussi que lorsque l'industriel ou producteur a un compte chez un banquier, celui-ci le force à laisser, en compte-courant, en dépôt, une certaine somme servant ainsi de caution. Cette somme doit toujours rester au crédit du compte et ne peut être retirée tant qu'il y a des effets à échéance en cours. Il arrive que le compte-courant en ait plus ou moins besoin, suivant les circonstances, et se voit dans l'obligation de rechercher d'autres capitaux, voyant, à son grand regret, des sommes inactives lui appartenant et ne pouvant lui servir.

Avec beaucoup de clients dans ces conditions, le banquier fait des affaires avec des capitaux auxquels il fait rapporter 10 0/0 en moyenne, tout en ne donnant que 3 0/0.

Il y a là, assurément, quelque chose à faire, et il serait utile de rechercher les moyens propres à aider, d'une manière plus efficace, le petit commerce digne de tout intérêt.

On s'est déjà quelque peu occupé de la question et elle mérite d'être envisagée de près. Un des moyens proposés a été celui-ci : Demander que la Banque de France escompte les effets à deux signatures et sans garantie de titres à taux en cours.

La question mérite d'être discutée.

Un effet de commerce à deux signatures comporte deux personnes : le tireur ou vendeur, le tiré ou acheteur. Pour donner de la sécurité à ce papier de crédit, il s'agit de résoudre le problème suivant : Ces deux personnes sont-elles solvables? Autrement dit : Ces deux personnes ont-elles une surface suffisante pour payer à l'échéance un effet de commerce ? Là est toute la difficulté.

Comme nous l'avons dit en parlant du crédit, la confiance de prêter sur une créance est d'autant plus grande que la garantie est sûre et réalisable. Or, dans le commerce que ne fait-on avec les effets? Il est difficile, sinon impossible, d'affirmer la valeur d'une traite. Un contrat de vente a pu avoir lieu, peut-on dire qu'il soit réel ou factice? Peut-on affirmer que le vendeur ait livré à une personne solvable? Peut-on dire que le paiement aura lieu à l'échéance? Ce sont des faits qui se passent tous les jours. Un commerçant est-il embarrassé pour son échéance ? Il crée des effets de commerce avec des amis ou souscrit des billets de complaisance. On crée ainsi des capitaux dont aucun n'est réel et qui ne sont pas réalisables; à l'échéance on renouvelle, on a accru la circulation du papier : c'est le même.

Ces faits se passent journellement et malheureusement sur une vaste échelle. Le problème est loin d'être résolu avec des éléments si contraires et si difficiles à constater.

Si la Banque de France acceptait des effets à deux signatures, les opérations d'escompte seraient étendues à cent fois ce qu'elles sont, mais de quelle non-valeur? Il faut voir de près les opérations pour constater que, même avec trois signatures le banquier, servant généralement de caution, étant obligé lui-même de se renseigner de plus près avant de passer son papier à la Banque de France; est grande la masse des effets rendus pour valeur trop douteuse. Ils ont beau avoir trois, quatre, cinq signatures et même plus, ces signatures ne valent pas mieux l'une que l'autre. Si le banquier, qui a remis des effets à la Banque de France pour une cause ou pour une autre cesse ses affaires; ses effets, qui ont été pris à l'escompte, entrent, après l'échéance, n'étant pas payés, au service des effets en souffrance et le paiement se fait attendre parfois pendant plusieurs années. La Banque donne le temps qui lui est demandé par les personnes qui sont engagées par leur signature. D'ailleurs ces questions ont été traitées à la Chambre en juin 1892, il suffit d'étudier les raisons qui ont été émises.

Il faut donc, d'après ce qui précède, chercher autre part la solution de l'escompte des effets.

Nous divisons la production et le commerce en général en deux catégories bien distinctes :

1º Les maisons qui vendent au comptant ;

2º Les maisons qui font des affaires à terme, c'est-à-dire recevant et faisant des effets de commerce sur leurs clients.

Pour les maisons qui vendent au comptant, ce n'est que par l'ordre, l'économie, en faisant beaucoup d'affaires, en ayant le moins de frais généraux possible, qu'elles arrivent aux échéances, en payant ainsi les traites de leurs créanciers. Pour elles, ne se servant pas d'effets de commerce, il n'y a pas lieu de s'en occuper.

Pour les maisons, qui font des opérations à terme et ne peuvent pas avoir de compte-courant chez un banquier, les conditions étant trop onéreuses pour elles, la solution est celle-ci : Payer leurs créanciers avec les effets tirés sur leurs clients.

Ce système, qui n'est pas nouveau, est le seul moyen pratique pour arriver à la solution demandée. D'ailleurs, dans certaines classes de la production, il est adopté, dans la métallurgie notamment, et on ne peut se faire une idée des services qu'il rend.

En effet, supposons un négociant ayant une échéance de 3,000 francs à la fin d'un mois; à une époque déterminée, il envoie à la maison créancière des effets de commerce représentant cette somme, la différence, s'il ne lui reste plus d'effets en portefeuille, est soldée par un billet sur lui-même. S'il lui avait fallu escompter ses effets chez un banquier, cela lui aurait coûté : 1° l'escompte; 2° l'échange, les commissions, etc.; pour qu'il puisse avoir en caisse la somme nécessaire, d'où perte sèche plus ou moins grande et suivant les conditions obtenues.

En envoyant son règlement, ses effets passent pour argent net. Répétez cette opération sur un chiffre moyen, et pendant une année, et vous aurez la somme énorme proportionnelle de frais généraux onéreux et enlevés des bénéfices.

Et combien sont acculés par l'escompte des effets ! Puis, après *la gêne*, viennent les effets de complaisance.

La situation dure plus ou moins longtemps, et finalement, non-seulement le négociant a beaucoup travaillé pour rien, mais il doit s'estimer heureux s'il n'arrive pas de crise funeste.

Ce système de régler ainsi des créanciers évite quelque peu les effets de complaisance. Le créancier, par son endos, s'il est obligé de réaliser, donne plus de valeur aux effets ; il peut à son tour les donner en paiement à l'industriel et en suivant le courant, ces effets arrivent aux grandes maisons qui sont obligées de baisser leurs prétentions et conditions, ayant plus de garanties. En cas de non paiement, l'effet non payé retourne au tireur qui en fait le remboursement et pourra poursuivre le tiré à son gré.

Le système que nous venons de résumer donne pour nous la seule solution pratique pour les industriels et commerçants, et si quelques gros producteurs se refusent à accepter ce mode de paiement, les maisons concurrentes faisant une plus grande part de sacrifices, s'empresseront de l'accepter et agrandiront ainsi leurs affaires.

Ce système, d'ailleurs, tend à se développer ; il est économique et empêche les maisons de prélever des taux exorbitants aux producteurs qui sont obligés de passer par de si dures conditions.

Que le taux de l'escompte dans un pays soit très minime ou non, il n'en est pas moins vrai que l'effet à soumettre à l'escompte doit toujours renfermer en lui la confiance accordée et la garantie qu'il comporte. Par le moyen énoncé, au fur et à mesure que cet effet est cédé, il acquiert de la valeur et, par la suite, devient, en dernier lieu, une chose sûre. C'est cette solution que nous voudrions voir adopter partout. Les services déjà rendus nous convainquent que c'est là le seul moyen pour trouver la solution demandée.

CONCLUSION

Nous terminerons ici cette étude sur le crédit.

Sans doute nous aurions pu l'entourer d'explications très longues et très documentées, mais elles nous auraient fait sortir du cadre que nous nous sommes imposé en composant cet opuscule.

Malgré cette esquisse rapide, nous croyons cependant avoir assez dit pour que nos lecteurs comprennent le rôle important que le crédit joue dans les opérations commerciales et combien puissamment il aide à leur extension.

Il voit aussi quels auxiliaires importants le crédit trouve dans les banques, mais il reconnaîtra avec nous qu'il faut qu'il soit assis sur les bases de garantie les plus sérieuses. C'est la condition *sine quâ non* pour que le crédit soit un agent utile dans les relations d'affaires. Autrement, loin de contribuer à la richesse d'un pays, il en diminuerait l'accroissement, en arrêterait l'essor et bientôt en causerait la perte totale. De là, la ruine et la faillite.

Ingénions-nous donc à apporter dans nos relations commerciales la justice et l'intégrité. C'est ainsi que notre crédit s'étendra et que nous contribuerons à la prospérité commerciale de notre pays.

Faire valoir, en dedans comme au dehors, la force de son crédit, c'est encore une bonne manière de servir la France.

TABLE DES MATIÈRES